稲川淳二の

恐いほど人の心をつかむ話し方

心に残る、響く、
愛されるための38の方法

稲川淳二
Junji Inagawa

YUSABUL

まえがき

怪談話をする公演、怪談ナイトツアーを始めてから今年で27年になります。いまでは怪談といえば稲川淳二、稲川淳二といえば怪談とまでいわれるほど怪談ナイトは有名になり、毎年7月から10月まで全国50箇所近くの地域をまわって公演を行う盛況ぶりです。

怪談は恐い話を恐い雰囲気で語るもの。そんなイメージを持たれている方もけっこういるとおもいます。

しかしながら、怪談はただ恐いだけのものではありません。私の怪談を聞いていただければわかるのですが、心がおもわず温かくなる人情話もあれば、哀しくてどこまでも切ない物語もあります。妙なおかしみを湛えた喜劇のような話もあれば、人間の深い業にからんだ身も凍るようなひたすら恐い話もあります。

一口に怪談といってもものすごく振れ幅があり、語り口もそれぞれのテーマ性や話が持つ雰囲気に合わせなくてはなりません。

つまり怪談が持つ魅力を広く伝えるにはそれ相応の語りの技量が必要です。ただテクニックだけでは本当に人の心はつかめません。聞く側の心を深いところからつかみ動かすには、技術を超えた何かが絶対に欠かせないのです。

その何かについてはひと言で簡単に言い表せるものではないのですが、それを成り立たせるいくつかの要素は引っ張り出して語ることはできます。

最近はみなスマホやパソコンを通して人とコミュニケーションばかりして、直接人と触れ合うのを敬遠する傾向にあるとよくいわれます。ところが面白い現象があって、落語や漫才などの寄席や演劇などの公演はチケットの売れ行きが近年すごくいいそうです。

このことはデジタルな環境によって生の言葉に触れたり、会話をする機会が減った分、逆にそうしたものへの飢えが強くなっているからではないでしょうか。

話の技術を超えて人の心をつかむ何かとは、まさに心を持った人間が吐き出す生の言葉にこそ潜んでいるものです。将来ＡＩロボットが進化して巧みに怪談を語ることができても、人間の生の言葉が本質に湛えている力を再現することは不可能でしょう。

私のところへたまにテレビ局のアナウンサーの方がみえることがあります。彼ら、彼女らは話の技術だけでは及ばない人の心のつかみ方といったものを知りたくて来られたりします。長年の怪談公演の仕事を通して私が多少なりともそうしたものをつかんでいるとでもおもわれているのでしょう。自分の話術がまだ進化の途上にあるとおもっている私にとってはまったくおそれ多いことです。

話術の最終目的というのは上手にしゃべることではないと私は考えています。話のテクニックだけを磨いても、人の心に届かなかったり、それを動かすことができなければむしろ意味がないとさえおもいます。

反対に話すテクニックのさしてない人が相手の気持ちに届くコミュニケーションをすることだってあります。本当に人の心を動かすにはたとえ優れたテクニックがあってもそれだけでは無理なのです。

ですからテクニックでは及ばない人の心の動かし方、つかみ方にこそ、私がめざす理想の話術があるといってもいいとおもいます。

私はそのような話術を誰かに教わったことはありません。話術を磨く上でモデルとなるような話の名人がいたわけでもありません。

本書ではあくまで私が自分なりに発見・工夫した話し方のテクニックに加えて相手の心を芯からつかむツボのようなものをできるだけわかりやすく実例を交えて紹介しています。

それがあなたの会話術を磨くヒントとなり、ひいては仕事や人間関係をより豊かなものにするきっかけとなれば筆者としてそれに勝る喜びはありません。

目次

第3章　ちょっと面倒な人との話し方

第4章　会話をあっと面白くする術

第5章　「聞く力」の秘密

装幀　米谷テツヤ
本文デザイン　白根美和

第1章

少しのコツで
会話はガラリと変わる

稲川淳二の恐いほど人の心をつかむ話し方

1 雑談で会話のアイドリングをする

「開演前はお客さんたちみんな楽しそうに騒いでいるし、怪談が始まったら始まったで女の子がギャーと叫んでいるのを周りが爆笑している。怪談なのに雰囲気がとっても明るくて楽しい。まるで音楽やお笑いのライブにでも来たのかと一瞬おもいましたよ」。

怪談ナイトを観に来た関係者が以前そんなことをいっていました。

たしかに私の怪談ナイトはみなわいわいがやがや楽しそうにしています。開演前なんか、ほんとうにこれから恐い話を体験するぞと構えている雰囲気がまったくない。

怪談ナイトでは緞帳を使いません。会場に入ると舞台の上のセットが目に入ります。それはどこか故郷のような懐かしさを湛えた農家や水車であったり、あるいは古い映画館や西洋館だったりします。

開演とともにBGMが流れます。曲のボルテージが上がって、曲が変わると闇のなかに提灯を持った浴衣の女性が登場します。女性が前説して退場すると間をおいて曲が消えて、虫の声で照明が入るんです。そこで私が登場すると「ジュンジー！」「座長〜！」「おかえり〜！」と声援やら拍手や手を振って迎えてくれます。私も笑いながら手を振って応えます。

そして、舞台の縁台に腰を下ろして「こんばんは」とか「ただいま」などとあいさつをしてから、なんてことはない雑談を面白おかしくしゃべり始めるんです。

そうやってアイドリングをかけていると、いい具合に会場の空気が温まってきます。幾分固さが残っていた雰囲気がほぐれてとてもリラックスした雰囲気になってくる。

以前スタッフから「縁台から後のお客さんたちって距離があるから、たまにはそちらのほうにも目をやりながら話してくださいよ」といわれたことがありました。でもそれは違うんですね。

最前列の1番目、2番目くらいまでは舞台からよく見えるということもあってお客さんと互いに目がよく合うのですが、最前列に座っているお客さんというのは舞台から話しかけてもらったり、ちょっといじってもらったりすることを期待している。こちらはテキ屋のように最前列にいるお客さんを巻き込みながら場をほぐし、盛り上げていくわけです。

私が目の前にいるお客さんに冗談をいいながらいじったりしていると遠くに座っている人もそれを見て楽しい気分になっていくんですね。だから視線を後方まで意識して流すこともないんです。

幕が開いてからはしばらくこのような雰囲気なのですが、「いい感じになってきたな……」とおもえる瞬間がそのうち訪れます。その時点で怪談にすっと入っていくんです。これから怪談を話しますよという合図をして始めるんではなく、いつの間にか始まっている。

「ではこれから怪談を始めますよ」などと宣言するより、そのほうが自然な流れに乗っているので、お客さんはよりストンと深く入ってしまうんですね。気がついたら怪談の恐い世界のなかに自分がいるわけです。

会話も同じです。本題に入る前に車がアイドリングするように雑談でもって会話を温める。そのほうがすっと相手に自然体で入っていけます。

とりわけいいにくい内容のときはいきなり本題に入るようなことはしないほうがいい。突然本題に入ると相手は構えるし、こちらも気持ちの準備ができていないので上手く伝えることができなかったりします。

雑談はそれこそ天候のことでも相手が身につけているファッションのことでも何でもいいのです。名刺交換をした相手であれば名前のことを話題にしたり、会っている場所にまつわることを何か話題にしてもいい。

雑談のネタは見つけようとおもえばいくらでもあるものです。

雑談はあくまで口ならしであり、相手との距離をほぐす手段ですから内容がなくたっていいんです。雑談を交わしているうちに会話の温度が上がっていきます。そして流れができたなとおもったら、さりげなくそこから本題に入っていくといいのです。

この「さりげなく」というのは、会話をする際のキーワードの一つなんですね。そして「さりげなく」を生むのが会話をアイドリングする雑談になるわけです。

◉ワンポイント

会話の入り口で本題への自然な流れをつくる

2 「さりげなく」という自然体が話を盛り上げる

私が抱いている理想の怪談スタイルというのは、田舎のお爺ちゃんがお茶でも飲みながら訥々《とつとつ》と語る恐い話です。

それはこんなイメージです。

しばらくぶりに息子夫婦が田舎に帰ってお爺ちゃん、お婆ちゃんみなで食卓を囲んで晩ご飯を食べます。食後になるとお爺ちゃんがお茶をすすりながらぽつりぽつりと孫に話しだすんですね。何をいっているんだろうなと孫はおもいながらも聞いているうちに、「あれっ、これって恐い話なんじゃないの？　ええっ、どうなるの？」となっていつの間にか夢中になってその世界に入ってしまう。

お爺ちゃんの話し方にはおもわせぶりな恐さがなく、あくまでもふだんの淡淡とした表情でしゃべるから余計に恐さが伝わってきて、すぽんとその世界に取り込まれてしまうのです。

もしお爺ちゃんが「よしこれから恐い話をしてあげるよ」といって始めると、聞くほうが「どんな恐い話をしてくれるんだろう?」と期待します。ところが期待というのは往々にして相手に望みすぎるもの。だから、実際は恐い話なのにおもっていたほど恐くないやとなったりする。

お化け屋敷で「こりゃ恐そうだ……いや～どんな恐い体験ができるんだろう」と大いに期待して入っていくとそうでもなかったりするのと同じです。

そう考えると、このお爺ちゃんの「さりげなく」という自然体がすでに恐い話を最大限に恐く感じさせる仕掛けになっているわけです。

ふつうの会話においても「さりげなさ」は相手を引きつける要素になります。話し手の作為や計算が見えるような話術は意外と相手からはその不自然さが見えているものです。そう感じさせてしまうと気持ちが会話に入っていきません。

計算づくで話している本人は『おれの話術はなかなかのもの』と自惚れていたりするのですが、とんでもない。ペラペラと立て板に水のように話す営業マンが意外と優秀な成績でなかったりするのと同じで、テクニックに走りすぎると会話の温度が下がってしまうんです。

もちろん何から何まで自然体で話すということはありえません。

さりげない雰囲気で恐い話をしているお爺ちゃんでも、ここではこういう感じで話そうとか多少の計算を頭のなかに入れて話をしているでしょう。

むしろ一から十まで自然体であれば、自分勝手な会話になってしまう危険があるかもしれません。

しかしお爺ちゃんの場合は、相手や周りの空気に合わせながらも一方で自分の呼吸やリズムはちゃんと保ちながら話をするので、ほどよい自然体になるわけです。

計算しているようでしていない。計算していないようでしている。そんな微妙な按配《あんばい》から、相手の心に触れるような「さりげない自然体」がきっと生まれるのでしょうね。

◉ワンポイント
周りに合わせながらも自分のリズムはしっかり保つ

3 会話の内容に話し方を合わせすぎない

話し方というものは話す内容と目的によって当然変わってきます。自分が情熱を傾けているものは熱く語ったり、相手を何とか納得させようとおもうことは気合いを込めて話したり、仕事で事務的な伝達をするときは余計な感情を抜いてしゃべったり……。

しかし、話す内容と目的にとらわれて、そこに焦点を合わせすぎると力が入って空振ってしまいます。つまり相手にかえって響かなかったりすることがあるんですね。

自分の情熱を伝えようとすれば勢い込んで熱く語るよりは静かに淡淡と語ったほうがそのおもいは伝わるかもしれないし、相手を説得しようとおもえば上から力で押し付けるように話すのではなく同じ目線にたってリラックスした雰囲気で優しく語りかけるようにしたほうが上手くいくはずです。

仕事上の事務的な伝達にしても機械的に話すより、「お疲れさま」などと軽く一言を添え気持ちを込めて伝えた方が相手によりしっかり届くのではないでしょうか。

映画なんかでヤクザが人を脅すときは、大声で怒鳴り散らすより、わざと口元を柔和にして静かに語るほうが迫力があったりしますね。あれと同じです。


私の怪談における話術をアナウンスの参考にしたいといってたまに放送局のアナウンサーが怪談ナイトに来ることがあるんです。試しにその人たちに怪談を話してもらうと、もちろんプロですから上手に話されるんですが、いい方だけが恐いんですね。

恐いぞ、恐いぞという雰囲気を無理につくっている。だけども恐い話を恐く感じてもらうには、反対に楽しげな空気や笑いを挟んだり、微妙な間をこしらえたり、聞いている人をぬけられない恐さに追い込んでいくような「恐い状況」をつくらないといけない。

私の怪談は恐いだけでなくて涙腺がおもわず緩むようなものもあれば、感動して幸せな気分になるものもあります。怪談はただ恐いだけのものじゃないんです。

昨年、東京ドームでサザンオールスターズの桑田圭祐さんがライブ会場で私のモノマネをされたことがありました。

映画『稲村ジェーン』の主題曲「稲村ジェーン」に引っかけて、桑田さんが私が怪談ナイトで着るような半纏《はんてん》を羽織り、ひげを白くして「稲川ジューン・フジオカ」とかやってバカうけしたんですね。

見ていてものすごく嬉しかったんですが、それは桑田さんが怪談は楽しいものだということをちゃんとわかっていらっしゃるということがひしひしと伝わってきたからでもあるんです。

怪談ナイトの公演は桑田さんがおもいがけずも示してくれたように楽しいエンタ

ティメントという雰囲気を湛えています。

もしおどろおどろしい恐いだけの雰囲気でやっていたら、いまのようにたくさんのお客さんは来てくれなかったに違いありません。

もちろん怪談だから恐い。だけど楽しさもあるし、涙もあるし、笑いもある。そういう振れ幅のなかで怪談をしゃべるから、恐いものは一層恐くもなるわけです。そして恐怖だけでないたくさんの感情を味わえて楽しいから大勢の方が毎年何度も何度も足を運んでくれるのです。

恐い話を恐く話すだけなら、ある意味簡単かもしれません。

しかし、それでは恐さの核心はかえって伝わらないかもしれないし、怪談が本来持っている色彩豊かな情緒は抜け落ちてしまう。

怪談ナイトで話している怪談のように、何かを相手に伝えたい、話したいというときは、その内容や目的にあまりとらわれることなく話すことです。そこに引っ張られすぎると話が平板になり、相手に響かなくなります。

相手を説得したい。頼みたい。指導したい。喜ばせたい。怒りたい。そんなときは説得や依頼、指導といった目的ばかりに気持ちがとらわれると、いかに説得するか、いかに頼むか、いかに指導するかといった過程における工夫や努力が疎かになるものです。

話そうとする内容や目的をいろいろな角度から見て色をつけてみる。そんな工夫をすると同じ話でも相手が抱く印象はまったく違ったりします。相手の心をつかむにはそんなちょっとした努力が必要ではないでしょうか。

◉ワンポイント

相手の期待をいい意味で裏切る話し方をする

4 話しのトーンやアクセントを微妙に変えることで伝わり方が効果的になる

話が長くなると聞いているほうも集中力が途切れてきたりします。そんなときは相手を観察して声のトーンを急に落とす方がいます。上手なやり方だとおもいます。意識というのは変化に反応するものです。同じトーンで話が続くと、聞く側はそのトーンに慣れてきて集中力が落ちてきます。そんな頃合いを見計らって声のトーンを少し落とすと、相手は少し「えっ?」となってダレかけていた耳を立て直して話に改めて集中します。聞いているほうからすればトーンがへこんだところにスッと意識が吸い込まれる感覚です。

怪談では、それこそポイント、ポイントでトーンをストンと落としてしゃべります。それはお客さんの注意をたんに一層引くだけでなく、恐さを盛り上げるためです。

たとえば、不思議な現象が起こるといわれている空家に友だちに誘われて行った体験を主人公が振り返って別の友人に話をするとします。

「その家が空家になっていてね。いや、それがさ……」というとき、「いや、それがさ……」のところで急に声を落としささやくようにしゃべるとみな身を乗り出してきます。

相手の関心を引くために声を大きくする人もいます。ただ、大きくするのは誰にでも簡単にできますが、いうほど効果はありません。

声を抑えるというのは「引き」です。相撲なんかでもよく使われる手ですが、「引き」はタイミングや力の抜き方がむずかしい。

話し上手になろうとおもえば、この「引き」をいかに上手く使うか、いかに声に抑制を利かせるかが重要なポイントになってきます。

効果的に伝えるためには、声を抑えたり放ったりという強弱もあれば、一方に短い言葉のアクセントを微妙に変えるやり方もあります。

怪談で主人公とその姉、姉の一人っ子が登場する「蛍火」という優しい話がありますます。姉は亡くなってしまうのですが、姉を亡くした私より母親を失った子どものほうがどれだけ切ないかというくだりがあります。

そのとき「姉を亡くした私より」という言い回しで、「姉」の「あ」を強くして「ね」で下げるより、「あ」で弱く入って「ね」で強く発音するほうが切ない情緒が感じられるんですね。ちょっとあざといテクニックですが、こういうちょっとした技をストーリーの流れのなかで細かく使うとお客さんの心にすごく沁みるんです。

擬音なんかでもちょっとした工夫で聞こえ方が違ってきます。お年寄りが住んでいる田舎の古い民家の雨戸を「ドンドンドン」と叩くという状況があれば、「ドン」を3回で終わらず4回にすると雰囲気がまったく違ってくる。3回ではすこしのんびりした感じが4回にすると切迫したものが出てくるんですね。たった「ドン」をひとつ加えるだけで不思議とまったく違ったものに変わる。

ふだんの会話でここまで考える必要はありませんが、どうしてもここだけは伝えたいというものがあれば、意識的に声を抑えたり、言い回しにふだんとは違うアクセントを交えたり、あるいは擬音を一工夫したりしてもいいとおもいます。

そんなアングルで自分の会話を見つめると、センスが磨かれる気付きがきっとたくさんあるはずです。

◉ワンポイント
話し上手になるには「引き」を使う

5 相手を乗せる相槌の打ち方

相槌が上手な人を相手にしゃべっていると気持ちよくなってどんどん話が弾んだりするものです。

こちらの目をちゃんと見て、しかるべきタイミングで「なるほどわかります」「ほんとそうですね」などと共感や共鳴を示しながら相槌を打ってくれる。話すほうからすればこういう人はとてもしゃべり甲斐があります。

反対にこちらの話をちゃんと聞いているのか、聞いていないのかわからないような相槌しか打てない人もいます。適当な相槌しか打てない人は話をしていてだんだん話す気が失せてきたり、ときには腹が立ってきたりもします。

なかには相槌を速射砲のように繰り出す人がいます。

この手のタイプは、とても速いテンポで頷き、「はい」とか「ええ」とか間投詞を投げるタイミングが常にフライング気味に速くなったりする。そのため何だかもっと速く話せ、結論を早くいえと急《せ》かされているような気分になってくることがあります。

頷く動作がクセになっているかのような人もたまにいたりします。こちらが話し始める前から何もしゃべっていないのに頷いているのです。心のなかで独り言でもいって独りで納得でもしているんでしょうかね。

「はい」「ええ」「へぇ」「そうですか」「なるほど」……相槌とひと言でいってもいろんなバリエーションがあります。相槌の打ち方ひとつにその人の性格が表れるものです。

落ち着いているのかせっかちなのか、人に興味があるのかないのか、誠実なのか不誠実なのか、自信家なのか自信がないのか、自分勝手なのかおもいやりがあるのか……いろいろなことがわかる。

ただ、相槌の種類によっては相手に誤解されるものもあるので気を付けたほうがいいとおもいます。

たとえば「なるほど」という相槌は、「そういうことだったんですね。よくわかりました」という意味合いで相手にも伝わっているならいいのですが、まるで合いの手のように頻繁に繰り返すとニュアンスが変わってきます。「わかっていることでも〝なるほど〟といっているのか……適当に人の話を聞いているのかな？」ともわれかねません。

若い人に多いのですが「本当ですか？」という相槌を使う人も最近はよく見かけます。「本当ですか？」を使うほうは「すごいですね」「信じられないですね」といった意味合いを込めているかもしれませんが、聞く人によっては「真偽を疑っているのか？」という気分になるかもしれません。

相槌の仕方ひとつで会話も盛り上がったり冷めたりするので、自分がふだんどんな相槌をしているのかチェックするといいとおもいます。

いい相槌を打ってくれた人というのは、けっこう記憶に残るものです。ああ、この人よく聞いてくれているなとおもうとうれしくなるので、いい印象がずっと残り続けたりするんですね。

怪談ナイトの大阪公演の会場にいつも来ていたお客さんでとてもおもい出深い人がいます。もう90歳を超えていそうな小柄なお爺ちゃん。その方、いつも独りで来られて千人近く入る大会場の最前列に座り、実にいい相槌を打ってくれるんです。私の話にふんふんとずっと頷きながら真剣に聞いてくれている様子が真正面にいつも座られているのでよくわかるんです。こちらもお爺ちゃんの相槌のリズムが心地いいのでお爺ちゃんの目を見ながらしゃべったりするわけです。

お爺ちゃんの相槌は、こういうリズムでしゃべるといいんだよという話芸の核心をこちらに教えてくれるようなところさえありました。

お爺ちゃんが夢中になって聞いてくれているということは、会場に来られている他のお客さんもきっと真剣に聞いてくれているんだろうなという自信にもなるんですね。お爺ちゃんの相槌は会場のお客さんの満足度を計るひとつのバロメーターになっていたわけです。

怪談の話が一番盛り上がるシーンになるとお爺ちゃんを見ながら大きく目を見開いて「うわーっ!」と声をあげるんですが、その瞬間、お爺ちゃんもびっくりしておもわず後にのけぞるんです。ところが、首を後に倒したまま気絶でもしているのか頭が起きてこない。

うわー大丈夫かな? スタッフ呼ぼうかな、どうしようかな……話しながらもお爺ちゃんが気になって気になって落ち着かない。周りの人はこちらの話に聞き入って誰も気付いていないようだし、大事が起こっていたら救急車を呼ばないといけない。でも千人のお客さんの前でそう簡単に話を中断するわけにはいかない。そんな葛藤を抑えてドキドキしながらしゃべり続けるんですが、そのうちむくっと頭が起きて復活するんですね。

「ああ、よかった」と内心ホッとしながら、また夢中になってお爺ちゃんを見ながらしゃべるわけです。こうなるとだんだん二人の世界になってくるんですね。千人にしゃべりながらも同時に二人の世界にも入りこんでいる。そうやって話を続けていると、また恐怖で盛り上がる場面が来て「うわーっ！」と声をあげる。するとお爺ちゃんがまた首をかくんと後にのけぞらせて起きてこない。

『うわっ、どうしよう？　死んじゃっていたらどうしよう……？』。スタッフに声をかけてすぐ中断するわけにもいかず、また心中落ち着かない状態でしゃべっているとしばらくしてむくりと頭を起こすんですよ。

このお爺ちゃん、大阪公演にはしょっちゅう来られるので、年に何回かこういうことがあるんです。

一番前の席ということは随分早くに来られているんだな。いつも独りということは、友だちもいないんだろうな。もしかして身内ももうあまりいないのかもしれない。けっして安い入場料ではないのにほんと有り難いなあ。そうおもって一度直接お礼をいおうとおもったんです。

それで受付けのスタッフに「90すぎの小さくて痩せたおじいちゃんがもし来たら引きとめといてくれないかな」と頼んだのですが、「今日は来られていないようです」という報告しかなかった。それ以来大阪公演の最前列に再びその姿を見ることはなかったのです。

スタッフが「もしかするとそのお爺ちゃん、生きた人間じゃなかったんじゃないですか？」というので、「バカ、幽霊がチケット買ってくるか」って怒ったんですが、ここ数年丸っきりお見えにならない。おそらくお歳からして亡くなられたんだとおもいます。

ちゃんと挨拶をしておきたかったのでとても残念なのですが、このお爺ちゃんが真剣に聞いてくれたことは私の記憶のなかで宝物のようなおもい出としてずっと残り続けるとおもいます。

相槌上手な人は周りにたくさんいますが、相槌といえば誰よりも真っ先におもい出すのがこの相槌名人のようなお爺ちゃんなのです。

◉ワンポイント

自分のふだんの相槌の仕方をチェックする

第2章

心に刺さる話し方

稲川淳二の恐いほど人の心をつかむ話し方

6 絵をつくりながらそれを追うと話が面白くなる

怪談を語るとき、私はストーリーを追っているのではなく、絵を追っています。頭のなかに情景をおもい浮かべ映画のように展開しているんです。それを言葉が追うんです。

たとえば夏祭りで花火を見た帰り、一人夜道を歩いている浴衣姿の女の子の目の前に暗いトンネルが現れる。トンネルのなかは明かりがなく真っ暗。その子の顔は恐いなという気持ちですこし緊張している。けれども短いトンネルなので急ぎ足で通りすぎればものの数十秒で抜けられる。「よし」と意を決して足の運びが早くなる。ずんずん早くなって下駄の「カランコロン」という音のテンポが短くなってくる。そんな絵が次々と現れて言葉でそれをなぞるようにしゃべるわけです。

状況に応じてさらに効果的な音も入れていきます。このシーンなら下駄のカランコロンという音をつくって入れる。すると臨場感が増して、聞いているほうはその場に立ち合っているような気持ちになります。

擬音は聞いている人がイメージをつくりやすいのでとても効果的なんですね。

怪談話を私にしてくれた田舎のお爺ちゃんたちも頭のなかで絵をつくっていました。情景をおもい浮かべながらそれを言葉で追っていた。

絵が先にあってそれを言葉がなぞっていくほうが、聞いているほうも同じように絵を浮かべやすいんです。絵というイメージの感覚はしゃべる人間も聞く側も同調して共有しやすいのです。

話というのは言葉が先走ると、どうしても計算してつくっている感じが強くなってしまうんですね。だから聞く側が自然に話に入って来られなくなる。

人に何かを伝えたいというときは話す内容によりますが絵をつくってみることです。

たとえば旅行の企画を立てて知人を誘おうとおもえば、行く先の山や海、ホテルの映像を頭におもい浮かべてしゃべると言葉のすみずみに旅先の情緒が反映されてくるでしょう。あるいは企画した商品のアイデアを仕事仲間に話すときはその商品がどんなデザインでどのような機能を持っているか、どんな店で売られどんな人がそれを買うのか、映像をイメージしてそれを言葉にしていくとよりリアルに伝えることができるとおもいます。

言葉だけを組み立てていくのではなく、絵を先にイメージして展開していく。そんなことを意識するだけで話の印象はだいぶ変わってくるはずです。

◉ワンポイント
絵というイメージをつくると聞く側が同調しやすくなる

7 隙のない話し方はつまらない

私は怪談をCDにもしているのですが、そのCDを一人で夜聞いたりすると恐いんだけど何か違うんですね。話し方は完璧なんだけど面白みに欠ける。それはCDの場合、失敗がないように冷静に計算しながらしゃべっているからだとおもいます。

CDという商品にするには語りが隙のない完璧な状態でなくてはいけないのは仕方ないことですが、ライブが持つ偶然の面白さはどうしても出てこない。

ライブですと、1500人も入るような大きい会場でもお客さんの息遣いがはっきり聞こえてきます。こちらの話に「おーおー」といって感応しているのが手に取るようにわかる。そんな反応を肌で感じながらしゃべるので語りもどんどん熱を帯び、身振り手振りもだんだん大きくなっていきます。

話の展開で息を呑むような瞬間があります。そんなときはまさにこちらも息を一瞬止めます。恐怖のあまり大きく目を見開き数秒間呼吸もせず体を凍りつかせることもあります。

息を止めるときはかなり苦しいのですが、お客さんのほうも息を止めて苦しそうにしています。こちらとお客さんが同調して恐い世界にすっぽりはまりこんでいる。

観客がノッてくるとこちらのしゃべりにも何ともいえないすごい迫力が出てきます。場面が急展開するときにはいつもより早口になったり、主人公がひどく慌てたシーンではついドモったりする。あるいは、ふっと何かをおもい出したときの恐怖の間が異常に長くなったりする。

ライブの語りは予定調和じゃないんですね。ちょこっと隙間があったり、でこぼこしたところがあったり、なめらかではない。でもだからこそ底知れない恐怖がにじみ出たり、心の底に響くような温かい魅力が生まれたりするんだとおもいます。

ＣＤだとそうはいきません。語りを冷静に完全にコントロールしながら進めるので破たんはありませんが、同じ内容でも味わいがまったく違うわけです。


ふだんの会話で計算しながら破たんもなくしゃべる人は、ＡＩのロボットと変わりません。おそらく不気味でさえあるでしょう。

言葉に詰まったり、間違えたり、話の順番が整然としていなかったり、感情の揺れに伴って話の流れに濃淡が生まれたり、いろいろな粗さや欠点があるから、話に味が出て面白さが膨らむんですね。それでかえって相手に気持ちが伝わったりする。

上手な話し方というと完全で瑕疵《かし》のない話し方をイメージされるかもしれません。しかし、それは違います。

欠点のない完全な話し方がそのまま上手な話し方とはいい切れないとおもいます。

むしろ完全な話し方は生の会話においては情緒や面白みを大きく欠いたものになり

かねない。完全で隙のない話し方はときに不完全さに通じる。そんな危険を承知しておくべきだとおもいます。

◉ワンポイント

欠点のない話し方が上手な話し方とはいい切れない

8 上手に話そうとおもわない

怪談を話す仕事をしていると、こんな恐い話がありますよといった手紙をもらったり、ゾッとする話があるんですけど一度聞いてくれませんか?　と公演に来られているお客さんからいわれたりすることがよくあります。

私がそれこそ40代、50代の頃は、長野や山梨、九州、東北、全国各地にその土地に伝わる怪談話をしてくれるお爺さんが何人かいて、そういう人たちと手紙のやりとりや実際に会って話をよく聞きにいったりしました。

みなけっして話が上手というわけではないのですが、独特の風情と味わいがある。豪華な料理ではないけど、自然に囲まれた気持ちのいい場所で口にする握り飯のような味わいをみなさん持っていらっしゃいました。

昔はここに小さな川があって鰻が獲れたりしたんよ、そこに河童が出おってなあ……みたいな話をしてくれる。お爺さんは話を計算して組み立てながら進めているのではなく、絵が先にあってそれを追いかけている。そういうのが聞いていてわかるんですね。

だから無意識のレベルでこちらもその絵に反応していつの間にか夢中になって聞き入っているんです。

こっちが一生懸命聞いていると相手にもそれが伝わり、どんどん夢中になってしゃべる。こうなるとお爺ちゃんが一人で話をしているというより、二人で恐い話をつくっている感覚です。

一生懸命聞いていると相手もそれを感じてより一生懸命になる。お世話になったお爺ちゃんたちとはまさにそんな関係でした。

最近、若いタレントさんなんかに「どうしたら上手に話しをすることができますか?」とよく聞かれるのですが、私はいつも「上手く話そうとおもったり、相手に聞かせようと計算する前にまずは一生懸命話すことですよ」と答えています。

私には重い障害を背負って生まれてきた息子がいました。

講演会でその倅《せがれ》の話をすることがあるのですが、話しているうちにどうしても泣いてしまうんです。泣きながらしゃべっている自分の頭のなかで倅がバーッと走りまわっている。そして倅に『ごめんな、ごめんな』と謝りながら話をしているんですね。聞いてくれているお客さんたちもみんな泣いている。話が終わっても誰も立ちあがらないんです。

人の心を動かすのはけっして上手い話ではありません。心の底から一生懸命になって伝えたいものを話せば必ず通じるものがあるんです。小手先のテクニックで相手の気持ちを動かそうなどとおもわないことです。そういうのはたいていい見透かされますから。

おもいを伝えたい。その熱い気持ちがあって一生懸命話す。そのことが会話においては何よりも大事なことだと私はおもっています。

◉ワンポイント
伝えたいことを一生懸命話せば必ず心に届く

9 体験は客観的に語るのでなく、自分のアングルを存分に入れる

映画『ジュラシック・パーク』を観ると、恐竜たちはこうやって生きていたんだというリアリティが非常に感じられます。

実際の恐竜はどんな皮膚をもって、どんな色だったかはよくわかっていません。ですから『ジュラシック・パーク』の恐竜は虚構といえば虚構です。ですが、これって偽物でしょう？　とおもいながら観ている人はいないでしょう。

実際とはおそらくいろいろなものが違っているのにリアルに受け取られるのは、恐竜のつくりや動きなどの見せ方が真に迫っているからです。

何かの体験を人に語るときもこれと同じで、どういうアングルで切りとるか、ど

んなおもいや感想を込めるかによって相手に伝わるリアルさが変わってきます。ただ体験したことを客観的に眺めて何の脚色もせずそのまま話しても、相手は面白くないとおもいます。

私が話す怪談の多くはいろいろな人から聞いた実際の体験談がベースになっていますが、多少脚色している部分がもちろんあります。

その脚色の仕方は同じ怪談でも、公演が行われる土地柄や会場の雰囲気に合わせて変えることがよくあります。

たとえば海沿いの町、里山に囲まれた田舎町とでは当然土地の雰囲気が違います。そこでそれぞれの情景が浮かんでくるような描写をさりげなく挟み込んだりするわけです。海沿いの町なら漁港の堤防からのびる小道を女の子がのんびりと自転車を漕いで走り、煙草屋の軒先にある赤い郵便ポストの脇では猫が数匹まどろんでいる……そんな描写をすっと入れたりするのです。そうすると話の質感が変わって聞いているほうはより入っていきやすくなる。

脚色の彩りには私自身のおもいや感情が込められています。それゆえに怪談はより一層リアリティを持ってお客さんに伝わるのです。主観が入れば事実から離れてしまうとおもう人もいるかもしれません。しかし、事実とは体験した人の気持ちや感想がセットとなっているものです。

体験した事実を列挙するのではなく、それをどう受け止めたのか、どう感じ、どう考えたのか、あるいはそれによってどういうふうな行動を起こしたのか、あくまで「体験した事実」ではなく「体験した自分」を語らなくてはいけない。

たとえば、美味しい肉を食べたらただ「美味しい肉を◯◯で食べたんですよ」とだけ話しても相手には響きません。美味しい肉を食べてどう感じたかということを伝えなくてはいけない。「あんな美味しい肉、これまでの人生ではじめてですよ。口に入れた瞬間溶けるようなんです。いやあ、驚きました。おそらく生涯でもう二度と味わえないかもしれないですね」とまでいえば相手もリアルに感じて「へぇ、それはすごいな。味わってみたい」となります。

体験によって生じた何らかのおもいや考えを付け加えることで相手にはよりリアルに伝わるのです。

つまり、話のリアリティとは客観的な事実ではなく、自分のアングルを入れながらどう語るか、その工夫や加減によって感じられるものだということです。

◉ワンポイント

「体験した事実」ではなく「体験した自分」を語る

10 自分の話し方のスタイルを持つ

私は怪談を語るときも、ふだん人と話しをするときも、わかりやすく話すことを常に心がけています。5歳の子どもから90歳のお爺ちゃん、お婆ちゃんまでどんな世代の人にもちゃんと届く言葉を使って話すようにしています。

ちょっとむずかしい内容の話でも極力かみくだいて簡単にする。むずかしい言葉は絶対使わない。作家の井上ひさしさんが「むずかしいことをやさしく、やさしいことをふかく、ふかいことをおもしろく」といったことをいわれていましたが、まさにその通りだとおもいます。

怪談というのは人間のさまざまな業がからんでいますから、人間心理の深くて複雑な世界に触れるものが少なくない。

でも、その深さをむずかしく話してもあまり魅力はありません。やさしく、ときには面白く語ってこそ、かえってその深さが響いたりするんです。

上手に話せるようになるために自分のしゃべりを録音してチェックする方もいるようですが、そこまで神経質になることはないとおもいます。

上手に話すというのはきれいに話すことだとおもわれている人がけっこういますが、そうじゃないんです。

相手にちゃんとわかる、伝わる。そして自分が面白いなとおもって話していることが相手にも楽しいとおもって聞いてもらえる。基本的にはそれができていれば十分じゃないでしょうか。別にきれいに話せばいいというものではありません。

ただ、わかりやすく相手に伝わるには話しのリズムやテンポが大事です。わかりやすい内容でも話し方に抑揚がなく、ずっと平板な感じだと聞いているほうもそのうち飽きてしまいます。強弱や緩急の起伏をつけて話すことを多少は意識するようにしたほうがいいとおもいます。

そうしているうちに自分に合って、なおかつ相手にも心地よく響くリズムやテンポといったものが自然と身についてくるはずです。

自分の持ち味を活かした話し方というのは意外とむずかしいものですが、リズムやテンポを意識した話し方をしているとそこに自前の持ち味もだんだん出せるようになってくるとおもいます。

話のリズムやテンポには、これが理想の標準といったものは存在しません。「稲川さんは早口ですね」とよくいわれますが、少し早いくらいの調子で話を乗せていくのが私に合ったリズムでありテンポなんですね。仮に話す速度をいまの１・３倍くらい遅くすれば「稲川淳二」ではなくなってしまう。

反対にいつもゆったり落ち着いた雰囲気でしゃべる人が「すこし暗いね」と誰かからいわれたとします。その人がもしそれを気にして早口で明るい調子で話すように努めたら、非常に無理があって本人はへとへとに疲れてしまうでしょう。
みなそれぞれに合ったリズムやテンポがあるはずなんです。それを十分に自覚しながら会話に活かすことはとても大事だとおもいます。

◉ワンポイント
自分に合った話のリズムやテンポを自覚する

11 心を動かすには本音でいかに話すかにかかっている

いつだったか教育専門家をはじめ何人かの先生とパネルディスカッションをやったことがありました。そのなかに元ヤクザの組長をやっていたという人がいました。大学出のインテリヤクザでしたがいまでは足を洗い、学校を退学して非行を繰り返しているような少年少女たちの面倒をみるという活動をされていました。

元ヤクザの方は「おれは腕っぷしに自信があったし、アウトローの世界にちょっとした憧れもあってヤクザの世界に入ってしまったけどいまから考えるとほんと軽はずみだった。俺みたいに道を外れたりせず、しっかりと足を地に着けて将来のことを考えなきゃいけないよ」といったことを語られていました。

一方私は障害を背負って生まれてきた息子の話をしました。そこで息子の首に手をかけ殺そうとしたことをしゃべり、父親としてどれだけ最低の人間だったかという話をしたんです。

するとその元ヤクザの組長が、

「いやあ、稲川さんは素晴らしいことを仰っている。お辛い体験をされて人間ってものをほんと深く知っていらっしゃる」

といってくださったのです。

パネルディスカッションに参加した他の先生方の話は申し訳ないけどつまらなかった。元ヤクザの組長と私だけが自らの体験を踏まえて本音をしゃべったのですが、それ以外の先生はみな建前で終始話をされていたからです。

だから聴衆の方々に後から聞くと、元ヤクザの方と私の話にもっとも心を動かされたという感想をもった人が多かった。自分の「声」で語らなければ、人の心にはけっして届くことはありません。

頭だけで考えたような地に足がついていない建前の教育論を振りかざしても子ど

もたちはついていきません。その程度の教育論で学校をよくしよう、社会をよくしようといったって所詮は無理な話です。

建前の話というのは年賀状や祝電、弔電の定型の文言のようなもので無難かもしれないけど、何の個性もなければ面白みのかけらもありません。

昨今のテレビなんかもコンプライアンスとかいって本音の表現をどんどん抑えている。だからつまらなくなって一層ネットにみな流れてしまうんです。

ネットの世界にはどうしようもないほど汚く醜い本音が溢れるほどありますが、それも含めて本音で語られる魅力が一方にあるんですね。それゆえにたくさんの人を惹きつけている面は否めません。

仮にネットが建前だけの言葉で成り立っている世界だとしたら、ネットは間違いなくいまほどの人気を獲得はしていないはずです。

ふだん建前で生きている人ほど他人の本音を知りたがるものです。

日本人は本音と建前を使い分けるダブルスタンダードで生きているとよくいわれますが、昨今はますます建前が強くなっている気がします。

本音を語らない人の話は面白くありません。しゃべり方が上手でも話がつまらない人というのは、おそらく建前ばかり話しているからなのかもしれません。

会話で相手を惹きつけようとおもえば、本音を入れることです。

本音ばかりだとかえって相手を疲れさせる可能性があるので、適度に本音をまぶしてしゃべる。会話における本音の力というものはもっと認識されていいとおもいます。

◉ワンポイント
建前だけの話ほどつまらないものはない

12 相手の気持ちを無視した話はいくら上手くても意味がない

話というのは相手の気持ちを察してするものです。これは当然といえば当然のことですが、意外とこれができていない人って多いものです。

障害のある子どもたちをもった人たちの集まりに呼ばれて講演をしたときのことです。

主催者は若い頃はさぞかし美人だったんだろうなとおもわせる細身でスラッとした品のあるお婆ちゃんでした。本物のお嬢様が何の苦労もなくそのまま歳を取ったような雰囲気を漂わせていて、後から聞いたら大きな牧場を経営されている資産家とのことでした。

そのお婆ちゃんが講演が始まる前に私のところに来てこういうんです。

「みなさんが元気になるような楽しい話をお願いしますね」。

それを聞いたとき、この方はあまりよくわかっていないなとおもいました。会場に来ているみなさんはたいへんなおもいをして重い障害をもって生まれてきた子どもを育ててきたわけです。さらに子どもたちの将来を考えたら不安は尽きない。親である自分が先に死んだら誰が面倒をみるのか？　障害を持つ子どもの親御さんたちの悩みや苦労は簡単に人に伝えられるものではありません。

そんな人たちを前にして軽くて楽しい話なんてできないとおもったのです。まずそのような技量は私にはないし、気持ちを元気にさせる楽しい話をという発想がそこに来られている方々の気持ちに寄り添っていない上っ面なものに感じられたのです。

それで私は楽しい話とはまったく違うことを話しました。障害をもって生まれてきた私の倅のことを語ったんです。

倅が必死で生きたこと。生まれてきたときは殺そうとおもったこと。優しくていいやつだったこと。この世にいらない命などないこと……。会場のみなさんも話している私も泣いていました。

話が終わって私のところにやって来た主催者のお婆ちゃんは「いやあ、重たい話でしたね……」と感想を漏らしていました。主催してくれたことは有り難いことですが、この方はきっと人の気持ちがわからないんだろうなと感じました。

一方会場の親御さんたちは私の話を聞いて頑張ろうとおもったという感想を口ぐちに伝えてくださったのです。

もし私が主催者の要望に応えて楽しいだけの話をしていたら妙にその場から浮いたものになっていたでしょう。ここに来られている方々はそんなものを求めてはいない。もっと何か切実なものについての話を望んでいるに違いないのです。

昔、あるテレビ番組でレポーターが障害のある女の子をとりあげて「底抜けに明るい〇〇ちゃん」と紹介していました。障害と闘ってものすごく苦労をして生きている女の子が底抜けに明るいわけなどありません。「底抜けに明るい」というとレポーターも視聴者も安心するからそうおもいたいだけなのです。

私がテレビタレントをやめたのは、こういうテレビの軽さにどこか我慢できなくなったからでもあるんですね。

人の気持ちを完全に理解することはどんな人であっても不可能です。でもこうじゃないか、ああじゃないかと相手の気持ちを察する努力はできる限りすべきです。話し方がたとえ上手であっても、人の気持ちに鈍感であれば、そんなものは何の意味もない。意味がないどころかマイナスでさえあると私はおもっています。

◉ワンポイント

人の気持ちをどれだけ想像できるか?

第3章
ちょっと面倒な人との話し方

稲川淳二の
恐いほど
人の心をつかむ
話し方

13 自分が偉いとおもっている人との会話はどうするか？

どんな世界にも威張っている人っていますよね。自分が誰よりも偉いとおもい込んでいる人。実力もないのに権威を笠にきて威張っている人。自分の優秀さを示したいがために人とコミュニケーションをとってくるような人。どれだけ自分が偉いかを人にいいたくて仕方ない人。

こういうタイプの人は一般に敬遠されるものですが、私はむしろすごく付き合いやすい。ここさえ押さえておけばこちらに害を及ぼすことがないという勘所がはっきりしているからです。簡単にいえば単純でわかりやすい人もけっこう多い。

私はこの手の人と出会ったら、まず褒《ほ》めて持ち上げます。それも中途半端でなく、徹底的に褒める。褒めて持ち上げ、褒めて持ち上げ、その繰り返しをやって相手をどんどんノセていく。そして追いつめる。

「よいしょのグレコローマン」と私は名付けていますが、それをやっているうちに相手は言葉数が少なくなって来て身動きができなくなってくるんですね。気付くと「おれは偉いんだぞ」というオーラが消え、がんじがらめにされているのです。まるで我がもの顔で走り回っていたゴキブリが殺虫剤を浴びて次第に体を動かさなくなっていく感じです。

褒めるポイントは、その人がひけらかしたいところを持ち上げることです。その人が自慢してくるものをすかさず拾い上げ、さらに拡大してあげる。サービス精神をたっぷりどっぷり注ぎ込み、2倍、3倍……いや10倍くらいに拡大してあげる。「余計なことをいっているかもしれませんが、私ほんとに感動しました。この方は人が持ちたくとも持てないものをみ～んな持っていらっしゃる。世の中にはいるんですね。こういう方がほんとにいたんですね。悔しいからけなしちゃおうっておもうくらい腹が立つ。でもこんなにすごいとそんなことはもう忘れて何か嬉しくなっちゃいますね……」

こんな調子でペラペラとよいしょの連続波状攻撃をかける。ただこれは誰もいないところでやってはいけません。人がいないところで褒めてもただのお世辞です。でも他に人がいる前だとみんなを巻き込んで、その場にいる人全員がそうおもっているんだという空気に不思議となってくるんですね。実際は誰もそんなことを感じてなくても、そんな空間が演出されていく。相手が逃げたくなっても逃れることができないのが「必殺よいしょのグレコローマン」なんです。

威張ってくる人に対して対抗意識をもっても逆効果です。自慢してくる部分をちゃんと認めてあげないと、ますます自慢してきます。「あなたはそういうけど、ほんとにすごいの?」みたいな態度を取ろうものなら、そういう人は躍起になってもっと威張ってくるはずです。

だからこそ、反対に徹底的に褒めたり、持ち上げたりすることが効果あるわけです。中途半端な褒め方はもっと相手を調子づかせるだけですから、相手がもういってくれなくてもいいからとおもわず逃げたくなるほど徹底して褒めるのがコツなのです。

また「よいしょのグレコローマン」は自分のことばかりぺらぺらしゃべって相手の話を聞こうとしない人にも効果的です。

いつも自分の話ばかり得意気にしゃべって聞いているほうがそのうち疲れてくるタイプの人っていますよね。こういう人は相手がうんうん頷いてくれるので楽しんで聞いてくれるんだとおもい込んでいますが、実際はそうではなかったりすることにまったく気付いていません。

そんな人をちょっと大人しくさせたいなというときには相手を褒めて持ち上げることを少しオーバーに繰り返すのです。何度もそれをやっているとさすがに相手もこの人本気で聞いてくれていないんだなとか、もしかして自分のことをバカにしているのかな？　とおもい始めるかもしれません。ただこの手合いは鈍感な部分もあるので、よいしょでますます調子づく危険もあるのでご注意ください。

こうしたタイプの人と無難に接したいというなら、もっとも簡単なのは離れることです。「すみません、ちょっと用があるんで」とかいってその人から去っていけばいい。相手がけっこう知っている人間だったりすると簡単にはそうできないかもしれませんが、物理的に離れられるのなら時間も無駄にしなくていいし、それが一番精神衛生的にもいいですね。

◉ワンポイント
相手が音をあげるまで「よいしょ」の波状攻撃を続ける

14 自分のペースで相手を巻き込む人はどう対処すべきか？

話をし出したら止まらないという人がいます。滔々《とうとう》と自分のことをしゃべってどこまでいってもピリオドがない。しかもペースが早いから途中で言葉を挟むきっかけがなかなかつかめない。気が付いたらさっきとは違うテーマで話が進んでいる。

このように自分のペースで相手を巻き込んでしまう人とはどのように会話をすればいいのか？

こういうタイプの人のおしゃべりはいってみれば高速道路で走っている車と同じです。

高速道路は一度入ると、次の出口が来るまで降りることができません。時速70キロくらいでのんびり走りたいとおもっても、周りに合わせて100キロで走らなくてはならない。

だから間違ってうっかり高速に入ってしまったり、降りるべきところをぼんやりして過ごしてしまったりすると、『おれは前に進みたくないんだけど……』とおもいながらも周りの車と一緒に速く走らざるをえないという理不尽な状況になってしまいます。しかも傍からはその理不尽さがわからない。客観的に見ればかなり滑稽な光景です。

相手の尽きることのない早いペースの会話に巻き込まれてしまっている人を見ると、この高速道路を間違って走っている人を連想してしまうんですね。


この手の人と会話をする羽目になったら、走りたくない高速道路に入ってしまったようなものとどこか観念するしかないかもしれません。

でもそうもいっていられないときもあります。

仕事でこちらの意見や感想も述べないといけないようなときであれば、なんとか話に割って入らないことにはどうしようもありません。

しゃべりの高速道路を走っているわけですから、合流地点を素早く察知してそこに来たらすかさず言葉を挟み込んでいくしかありません。

高速道路であれば合流地点は後何キロの地点で合流という標識が出ますが、会話にはそんな親切なものはありません。突然目の前に『あ、ここだ！』というポイントが現れます。

たとえば、早いテンポで切れ目なく話しているようでも人間ですからどこかで小さく息を入れる瞬間があります。そこを見計らってすっと入っていく。あるいは話題がスッと変わる瞬間をとらえて素早く入っていく。ともかくわずかな隙間でも「ところであれはどうなんですか？」といった感じで質問をすっと挟むのです。

自分のペースでポンポン話していても言葉の勢いが衰えるときがあります。少し速度が落ちたり、声がやや小さくなってきたと感じたら、こちらの言葉を半ば強引にかぶせて合流するというやり方もあるでしょう。

そうやって話ができたとしても、おそらくすぐにまた相手のペースに戻ってしまうかもしれません。そうなったらまた次の合流地点を全神経を傾けてキャッチするというその繰り返しがあるのみです。

自分のペースでぐいぐい話し込んでくるタイプとの会話はまずもって同じ土俵に立とうなんて考えないことです。そんな前提に立った上で自分がすべき話をいかにするかを工夫するしかないのです。

◉ワンポイント
高速の話の流れの隙間を見逃さない

15 頑固でとっつきにくい人は話をじっくり聞いてあげる

頑固でとっつきにくい人との会話はどうすれば上手くいくんだろう？　そう考えざるをえない場面に出くわした経験は多くの人が持っているとおもいます。

私なんかは頑固で口数が少ない人同士が仮に対面して何か話さざるをえない状況に置かれたらお互いどんな気持ちを抱くんだろうかとつい想像したりします。

お互い沈黙したまま時間がすっと流れていくのか、気まずいから話のきっかけを何とかつくろうとどちらかが努力し始めるのか、果たしてどんな状況になるんでしょうかね？

それはさておき、頑固でとっつきがよくない人というのは、必ずしもしゃべりたいことがないからムスッとしているわけではないとおもいます。

内に秘めた強いおもいがあるから頑固になったりしているわけで、自分のなかに人に伝えたいことがきっとあるはずなのです。むしろいいたいことがたまっているから、一度堰《せき》が決壊すると饒舌に語り出す可能性もあります。

あまり人としゃべらないのは、上手くいえないとか、話しても他人にはなかなか理解されないという気持ちもあるのかもしれませんね。

私はテレビ番組の仕事で頑固な職人肌というタイプの人には何人も会いました。この手の人はやはり初対面ではなかなかおもうように口を開いてくれないのですが、最終的にはどの人からもけっこう話を聞き出すことができました。

それを見て、プロデューサーなんかは「稲川さんは上手だね。どこへ行っても誰とでも上手く話をするよね」と感心してくれるのですが、私が相手とちゃんとコミュニケーションが取れるようになるまでどんな苦労をしているかは知らないのです。

放送されるのは相手と普通に会話をしている３割の部分であって、そこに至るまでの７割の努力の過程は画面には出てきません。プロデューサーは放映される３割の部分だけを見て判断してしまうんですね。

九州で昔ながらの日本の櫛《くし》をつくっている高齢の職人さんに話を聞きにいったときは、ディレクターがこんな感じでカメラで撮らせてほしいといって最初に交渉したのですが取りつく島もない感じでした。撮影の許可は事前にもらっているのですが、こちらの演出に沿った面倒な撮り方は受け入れられないというのです。

ところが、私が出て行ってそのあたりに置かれていた作品に対して素直に素晴らしいとおもった感想を述べるとそのお爺さん、ポツリポツリと説明をしてくれるんですね。私は話に歩調を合わせるようになるほどと頷きながらひたすら真剣に聞くわけです。

そうしているうちに、こいつはおれの仕事や作品のことがわかってくれるとおもわれたのかもしれません。最初に会ったときの口数の少ない堅い雰囲気がほどけ出し、けっこう滑らかにいろいろと話をしてくれるようになりました。

そうやってかなり打ち解けた雰囲気になると、「普段は人に見せないんだけどね」といって作品がたくさん並んでいる工房の裏にある作業場に連れていってくれたんです。

それを眺めていたディレクターがすかさずカメラマンと一緒についてきて、

「すみません。その作品の前でもう一度簡単に説明をしてもらえませんか?」

といってカメラを向けたんです。

するとお爺さん、

「お前らに注文つけられる筋合いはない。おれは稲川さんとは話すけどお前らとは話をしたくない」

といって怒るんです。

とくにこういう人は気持ちを読んであげないといけないのにディレクターはそう

いうことができない。できないというよりか無神経なんですね。だから簡単に相手の地雷を踏んでしまう。

テレビというメディアはなまじっか力があるからカメラを向ければ誰でも従うというような感覚があるのかもしれません。それで尚更厚かましい振る舞いを平然としてしまったりするのです。

そこで私が、

「すみません！　この人たちにも生活があるんでもしよかったらここも撮らせていただけませんか？」

とお願いしたら、「しょうがないな」といってカメラに向かってしゃべってくれたんです。

これと似た体験はやはりいずれも職人さんなんですが他にも何度かありました。札幌にある職人さんをインタビューしに行ったときはその方、最低限のものだけ撮らせると、

「稲川さんと飯を食うからお前らはもう帰れ」

といって同行のスタッフたちを追っ払ってしまいました。

スタッフとはろくに最後まで口もきかないのに私にはちゃんと話をしてくれる。

そんな職人さんが多かったのです。

頑固でうち解けにくい人とちゃんとコミュニケーションをとろうとおもえば、私が接した職人さんの例のようにその人が関心を持っているものやこちらと共有できる話題を見つけ出し、そこに共感を交えながら会話を進めていくことが大事です。

とっつきにくいなとおもっても自分のペースで話を勝手に進めたりせず、多少時間をかけて相手の気持ちを読むことがまず必要なんですね。それには相手のいい部分を見つけ出してそこを好きになることです。

とっつきにくい人でも、関心のあることはしゃべりたいし、自分の気持ちをどこかで語りたいとおもっているはずです。

そのツボは必ずどこかにあるわけですから、いかにそれを見つけ出し、どれだけ相手の気持ちに寄り添うか、そして焦ることなくいかに丁寧に言葉を引き出すかがポイントなのです。

◉ワンポイント
無口で頑固なタイプでもしゃべりたいツボがある

16 端から話を受け付けない人との会話の仕方

頑固でとっつきにくい人とはどういうコミュニケーションをとればいいかを前項でお話ししました。

しかし、ときには端からこちらの話を受け入れたくない相手にコミュニケーションをとっていかなくてはいけない状況もあります。

当然ながらこういう人たちは頑な性格で会話がスムーズにいかないタイプよりも数段もコミュニケーションが難しい。私はテレビの仕事でそんな人たちとも数多く接しました。インタビューをしたいが取材の許可を取っていない。しかも、テレビなんかに映されたくない。だからこちらが出向いてテレビカメラを向け、話しかけるなんてことはほとんど迷惑以外何物でもないという人たちです。

まだ若い頃、私は日本テレビの『ルックルックこんにちは』という主婦向けワイドショー番組で「テレビ三面記事」という人気コーナーのレポーターをやっていたことがあります。「テレビ三面記事」は日本テレビで高視聴率を誇った看板番組「テレビ三面記事　ウィークエンダー」（※全国ニュースでは扱われない下世話なB級事件をリポーターがフリップボードや再現フィルムを使って解説するというスタイルで構成されていた）を主婦向けにアレンジしたものです。

番組で取りあげる多くの事件はB級とはいえ法に触れることをしでかした人たちによるものです。ですから、当然こういう人たちは端からテレビ取材なんか受けたくはありません。こちらからコミュニケーションを取るには非常にハードルが高いわけです。

この仕事では印象に強く残っているインタビューがいくつもありますが、なかでもおもい出すのが、スナックで一緒に飲んでいた客やマスターを理由もなく全員ボコボコに殴り倒し、救急車が来たら今度は救急隊員を殴ってその救急車でドライブをしたという男性です。

その男が住んでいるのはある地方の田舎町。そこへ私がディレクターと二人で男の取材に行ったんです。本人は警察に捕まっているとおもったんで、男を知る人や近所の評判を聞きに行ったんですね。

出かけてみると周りは田んぼだらけでそれらしき家が見当たらない。周辺を30分ほど歩き回ってようやくここじゃないかという木に囲まれた家があったわけです。たまたま近くの田んぼの土手で草を刈っていたおじさんに若いディレクターが大きな声で
「すみません、○○さんのお宅ってあちらですか？　この前救急車を盗んで乗り回した事件の男性なんですけどね……」

と聞いたら、そのおじさん、「おれだよ」っていいながらスクッと立ちあがったんです。ブルドッグみたいなごつい顔をして背が190センチ近くもある巨漢です。

しかも手には鎌を持っている。それを見たディレクターは「ああっ、ああっ、ああっ」と声にならない声を発したきり、私を置いて逃げてしまった。

こんなプロレスラーみたいな体じゃ、10人くらい平気で殴り倒せるよな……こちらも逃げたい気持ちで一杯でしたが、それじゃわざわざ東京から来た意味がない。仕方がないのでその男性に向かってこんなことをしゃべったんですね。

「私、タレントやっています稲川淳二というものです。あなたのお近くまでいってお聞きしようとおもったんですが、彼が大きな声でいっちゃってごめんなさい。誤解があってはいけませんので先に申し上げますが、これは新聞でも雑誌でもないんですよ。事件を起こされた方のいい分をインタビューしてそれをテレビでお伝えするというものなんです」。

男性は険しい表情のままです。私は、

「あなたにはあなたのいい分があるとおもって来たんですよ。余計なことかもしれませんがよろしければあなたのいい分を聞かせていただけませんか？」

と続けました。

すると男性は意外と素直に「おれはそんないい分なんてものないんだけどね」と返してきたのです。

「あなたが強い人であることはよくわかります。向こうは10人であなたはたった一人。殴っただけなんだから別に後ろめたいことなんてないんですから……」

ほんとは後ろめたいことですが私がそういうと彼はわかったという表情になり、インタビューをすることができたのです。

ちなみにこの男性が事件を起こした動機はサイレンを鳴らしながら救急車を運転したかったからだそうです。まったく不思議な動機ですが、世の中はほんと実にいろいろな人がいるものです。


こんな事件取材もやりました。やんちゃなことをしている若い連中のグループが当時流行っていた任侠映画の影響を受けてファッション感覚で自分で指を詰めたんです。

指詰めはヤクザが詫びや抗議の気持ちからするものですが、彼らは不良を気取った町のあんちゃんにすぎません。ヤクザとトラブルを起こして指を詰めろと脅されたわけでもない。ただ任侠映画に出てくるヤクザに憧れて根性を決めて指を詰めた。ただ格好がいいからという理由だけで。それで話題になったんです。

私はその連中がたむろしているアパートにインタビューしに行ったわけです。行ってみると古ぼけたアパートの2階の一番奥の部屋がどうもそうらしい。

「彼らが襲ってきたら稲川さん、どうしましょう？」

と同行のディレクターが話しかけてきます。

「一番奥の部屋だから外階段をダッシュで駆け下りるのは危ないな。稲川さん、柵の向こうに見えるあの小屋の屋根に飛び降りられますか？」

と怯《おび》えた顔で聞いてくるディレクターに対し、「おれ鳶《とび》やったこともあるし、身軽いからできるよ」というようなやりとりをしていたら、こちらの声が大きかったもんで聞こえたんでしょうね。ドアが開いて、若い連中の面倒を見ているとおぼしき年配の男性が「稲川さんかい？　テレビ見ているよ」といいながら出てきたんです。

そこで取材に来た理由を丁寧に説明したところ、

「勘弁してやってくんないか。人殺したわけじゃないし悪いやつじゃないんだよ。こいつらもバカなことやったって反省してるんだから」

とこちらを追い払わんばかりの口ぶりで男はいってきます。私は、

「まったく申し訳ないですね。テレビ局が決めたことなんで私はここで帰ってもかまわないんです」とひたすら低姿勢で対応をしていたのですが、割って入ってきたディレクターの説得もあって結果的にはちゃんと取材ができました。

この「三面記事」のコーナーで取材をした人たちは最初からガードを高く構えて簡単には入っていけないような人ばかりでした。それでも最終的にはほとんどの人から話が聞けたのです。

それは相手の立場を一番に尊重してどうしてもダメなら引きさがろうと常におもっていたからかもしれません。こちらの都合をけっして声高にいわない。われわれの都合なんて最後の最後でいいんですよという感じで相手と接したこともときにいい印象を与えた可能性もあります。

ガードが高くて入って行きづらいという人に対しては、こちらの立場や都合は後回しにして最優先で相手の立場を配慮する。そんな姿勢から突破口は見つかるのかもしれません。

◉ワンポイント
相手のガードを下げるにはこちらの都合を一切主張しない

17 怒りはときにきちんと表現したほうがいい

最近の人はストレスがたまっているのか急にキレたり、怒りの感情に歯止めがきかなくなって大ごとになったりすることが多いですね。

でもストレスや鬱積《うっせき》したおもいを発散するために怒るのだとすれば論外です。自分に問題があるのに相手の問題のようにすり替えて怒りを爆発させる人が増えているような気がします。そんな自分勝手な怒りをぶつけられたほうはたまったもんじゃない。

もちろん、相手に明らかに非がある場合は怒るべきです。ただし、どう怒るかが問題です。

たとえば、怒鳴るのは極力やめたほうがいいです。どんなに相手に非があっても強い調子で怒鳴られると鏡に反射するように怒りの感情が湧いてきますから。むしろ静かな口調でありながらも怒りが伝わるいい方のほうが相手の心には響きます。いい聞かせるように丁寧に怒っていることを伝えられると、「すみません～」という気持ちになったりするものです。

とはいっても人間ですから、よほど腹が立ったときはつい感情が走ってしまうこともあります。

私はふだんそれほど怒ることはないのですが、他人の迷惑も顧みず横暴な振る舞いをする人に遭遇すると正義心が首をもたげてつい声を荒げてしまうことがあるんですね。私は地方公演などの仕事でしょっちゅう新幹線に乗るのですが、たまにマナーが悪くてかなわないという人が近くに座っていることがあります。

先日こんなことがありました。娘3人とその父親合わせて4人が椅子を向かい合わせに目いっぱい倒して弁当を食べながら大声でわいわいしゃべっていたんです。

眠っていたのにその家族のおしゃべりで目が覚めてしまった。朝の早い時間だったから私以外にも乗客はけっこう寝ている人が多い。余程注意しようとおもったんですが、楽しそうにやっているのを見ると水を差すのも気が引けたのでやめたんです。

ところが、その家族、下車するときに座席もそのままの状態で食べた弁当が入ったポリ袋を置きっぱなしにしている。それを見てさすがにこちらもついいっちゃったんですね。

「誰が椅子を直すんですか？　誰がゴミを捨てるんですか？　椅子直しなさいよ！　食べた弁当は持って行きなさいよ！」

でっぷり肥った親父にそういってやった。でも親父は無言です。その態度にまた腹が立って「いい齢をしてこんな恥ずかしいことしなさんな！」と追い打ちをかけたのですが、親父は驚いたような顔を一層ひきつらせているだけ。周りで見ている人は逆に怒られている人間が可哀そうみたいな顔をして見ている。私の方が「あの人おかしいんじゃないの……？」という目で見られている。自分たちだって迷惑なおもいをしているのに何もいわない。「日本人は」という括りでついいってしまいますが、実際日本人は事無かれ主義の人が多すぎるとおもいます。

怒りの感情を持てあまして悩んでいる人が多いのか、怒りをいかにコントロールするかといった本もよく売れているようです。怒ると自己嫌悪に陥ったりしてストレスがたまるので何とか怒りの感情と上手く付き合いたいとおもうのでしょう。

しかし、怒りの感情そのものがけっして悪いというわけではないとおもいます。

動物は敵に襲われたりすると本能的に怒って反撃したりします。つまり怒りは自分の生命を守るために欠かせない重要な感情だということです。

人も同じではないでしょうか。誰かに危害を加えられそうになってニコニコしている人なんていません。怒って反撃したり身を守ったりするのがふつうです。

ですから、怒りの感情はすべてネガティブなものだとおもうのは間違っています。

憂さ晴らしのような自分勝手な怒りはコントロールすべき対象ですが、理不尽なことをされての怒りや正義心からくる怒りはちゃんと出したほうがいい。それは極めて自然なことなのですから。

本来表すべき怒りを抑えているとストレスがたまります。怒りに限らず悲しみもそうですが、そうした感情をいつも抑え込んでいると感情の流れが悪くなるもんです。この手の感情が心のなかで滞りすぎると鬱になったりしますから気を付けないといけない。

もちろんＴＰＯに応じて加減する必要はありますが、怒るべき理由があるものはきっちり怒りを表明する。それってけっこう大事なことだとおもいます。

◉ワンポイント

怒りの感情は自分を守る大事なもの

18 失敗をして言い訳する人には具体的な提言をする

学生時代、私は美術部に所属していて絵が得意でした。そんなこともあって部長からは「稲川、この絵、どこが悪いかいってくれ」と後輩の絵に対して寸評をよく求められました。

そういうときは悪いところを指摘するより、いいところを見つけてそこを褒めるようにしていました。腕組みして首をかしげながら悪いところばかりを偉そうに指摘する先輩たちと批判ばかりされる後輩の姿を見て、毎度毎度ダメといわれ続けたら萎縮してしまうし、伸びるものも伸びないなとおもったからです。私が褒めた後輩の何人かはその後、自由な発想で才能を豊かに膨らませていきました。

そんな経験もあって何か評価を求められたときはいつも褒められる点を対象に見

つけるようにしています。

ときどき恐怖漫画の受賞作品を選ぶ審査員を頼まれることがあるのですが、そんなときもこの着想は素晴らしいとか、登場人物の造形はすごいとか、いいところを引っ張り出して評価するようにしています。

他の審査員はこの文章の使い方はおかしいとか、リアリティがなさすぎるとか、ボロクソ書いていることが多いのですが、私は絶対にそうしない。ここはちょっと欠点かなと感じてもそこはあまり言及せずに、美点を引っ張り出してきちんと褒める。そう指摘されたほうも間違いなく伸びるし、実際にそうだったりするのです。

私は学生の頃、勉強が好きになれなくてあまりしなかったのですが、担任の先生から「稲川は字がキレイだし、文章うまいんだよな。勉強しないのは惜しいよな」といわれて、「う〜ん、そうなのかなあ」とおもって前より勉強をするようになったことがあります。

この前亡くなったマラソンの小出義雄監督は褒める指導の仕方で有名ですが、小出監督は高橋尚子選手をはじめ多くの名ランナーを育て上げています。

いかに褒めるか、褒め上手な人というのは、人を最も育てるともいます。

欠点を叱ってばかりいたら、いわれた本人はそこに囚われてしまって自分のよさを伸ばせなくなってしまう危険があります。もちろんよほどひどい欠点の場合は指摘してもいいでしょうが、一方でいい部分も見つけてあげて褒めることをしたほうがいいでしょう。

ですから仕事なんかでミスをした人に対してもミスしたことを責めるよりも、ここをこう改善したらミスしなくなるし、もっといい仕事ができるんじゃないかと具体的な提案をしていったほうがいいでしょうね。

部下がミスをして言い訳をすると上司はさらに失敗したことを責めたくなるものです。

ただ言い訳を重ねてばかりいる状況からは、本心からの反省や問題点を分析する行動はなかなか生まれません。

ミスをしたらそこを責めたくなる気持ちもわかりますが、そこは最小限にとどめ、具体的にどうすれば同じようなミスが起こらないかの提言をしてあげたほうが本人にとっては有り難いし、「こうすればミスしなくてすむんだな」という理解が生まれます。

言い訳する人に対しては、責める気持ちは後回しにしてまずどうすればこの人が同じ過ちをせずにすむかを具体的に考えてあげることが大事だとおもいます。

◉ワンポイント

褒め上手が人を育てる

19 知っていることを相手が話しているときはどうするか?

会話をしていて「あっ、この話知っている!」とか「そんなことは当然知ってますよ」といいたくなるときってありませんか?

そんなときはそういってしまってよいものか、ちょっと迷うことがあります。しかし、たいがいの場合はいわないほうがいいとおもいます。できれば初めて聞いた顔をしてフムフムと頷いているのが無難です。

怪談ナイトのキャンペーンである地方のテレビ局に出演させてもらったときのことです。私が短い怪談を少し披露した際に浴衣姿の女子アナウンサーが「その話、どっかで聞いたことあります」とみんなの前でいい出したんですよ。あれには困りました。

前の年に、私がその番組の撮りの合間にこの女子アナと何人かに語った話なんです。

聞いたことがあるとおもっても初めて聞いた顔をして「わ〜恐い」とかいってくれればいいものを「聞いたことがある」はないですよ。ことテレビなんですから、あれには参りました。


会話で知っている話をされたとき、こちらが知っている話をちらっとする程度なら初めて聞いたという顔をしてフムフムと頷いていればすむことですが、誰もが知っているような話ばかりをする人は聞いていて辛くなるものです。立場的に「そんなこと知っているからもういいですよ」とはいえないとなおさらきつい。

昔福島の会津にある大きなお寺の住職に仕事でインタビューに行ったことがあるのですが、その方なんかはまさにそういうタイプでした。その住職、お酒がとても好きな人でビールグラスを片手にとってくれた寿司をつまみながらしゃべるんですね。私もビールを飲みたいのにこちらにはワインをどうぞといってワインをついでくれるんですよ。それで仕方なくワインを飲みながら話を聞くんですが、知っているような話ばかりでちっとも面白くない。

そのうちビールがまわって上機嫌になった住職、「河岸《かし》を変えよう」といい出し、お気に入りの寿司屋に私を誘ってくれたんです。

ところがその寿司屋、カウンターの椅子に腰かけるとどうも座りがよくない。私の横に腰かけていた住職やその門弟のお皿がカウンターの上をなぜだかスルスルとすべってこちらに来るんです。この店は崖の端っこに建っているのですが、どうやら地盤沈下でピサの斜塔のように傾いていたんですね。カウンターはVの字の形をしていてVのとがった部分が崖に向いており、私が腰かけた場所はちょうどそのとがったところだったのです。

ここの寿司はシャリが美味いからシャリだけで食べてごらんなさいと住職が薦めるので「じゃいただきます」といったらそれだけでお腹一杯になりそうな山盛りの

酢飯が出てきたり、お皿は滑ってこちらに流れてくるし、住職は聞いたような退屈な話を延々と機嫌よく話し続けるし、まさにあれはちょっとした生き地獄でした。

自分が話す内容が相手にどう届くか？　どういうふうにおもわれるか？　退屈な話だとおもわれないか？

そんな想像力を働かせてみることは会話をつまらないものにしない最低の流儀なんだとおもいますね。

◉ワンポイント

相手への想像力を働かせることは会話における最低の流儀

20 愚痴ばかりしゃべってくる人に対してはどうするか？

私は仕事柄、いろいろな人と会うこともあって、よく飲みに誘われます。そういう場ではどうしても仕事の話になることも多いのですが、当然愚痴みたいな話題も聞かされます。会話のスパイスになる程度の愚痴ならいいんですが、なかには延々と愚痴ばかりという人がいます。

こういうのは女性に多いんですが、なかでも群を抜いた愚痴のチャンピオンともいうべき人がいます。この人はすごい。最初から最後まで愚痴のオンパレード。愚痴が話せるなら私でなくても誰でもいいんじゃないかというくらい愚痴が尽きない。

お酒を飲んでいれば多少気分が大きくなって許せるけど、この人の場合は喫茶店で打ち合わせをしているときも愚痴ばかり。しらふで愚痴をずっと聞かされるのはかなり辛いものがあります。

しかもその愚痴に次々と登場する人間のことを私はまったく知らなかったりするわけです。S木さんは仕事でこうしてほしいといっているのと違うことを勝手にする……。Y根さんはこちらに落ち度がないのに責めてくる……。そんなことをいわれても、こちらはS木とかY根とか、一体どういう人物なのか顔も性格も何も知らないっ。だから話を聞いていてもまったく頓珍漢《とんちんかん》なわけです。

こちらが知らない人の愚痴をしゃべり続けるというのはどんな神経をしているんだろうとおもってしまいますが、ともかくこちらの理解を超えている。

それにしてもこの女性の周りにはなんでそんなに馬の合わない嫌な奴ばかりいるんだろう？　磁石のように嫌な人間ばかり引きつけるへんな魅力があるのか？　よく考えてみればそんなわけはない。結局、この愚痴が大好きな女性自身に大きな原因があるんじゃないかとあるとき愚痴を聞きながらはたとおもったんですね。

こちらは仕事の付き合いもあるし、一番聞いてもらえる人だとおもってしゃべっているんだろうなとおもって半ば諦めて毎度聞いていていたんですが、この女性に問題があると気付いてこうアドバイスをしてあげました。

「お酒飲んでいるときに愚痴の話ばかりしてもつまらないよ、気持ちはわかるけどまったく知らない人間のことをいろいろいわれても困るし、やめたほうがいいよ」

悪口をいえば結局、悪口をいう人の評価が下がるものです。この人はこういうふうにもしかして私の悪口もいっているのかなとおもわれたりする。悪口はブーメランのように戻ってくるとおもったほうがいい。

愚痴ばかりしゃべる人にはある程度距離の近い人であれば、そんなアドバイスをしてあげるといいとおもいます。

でも気楽にそんなことがいえない相手であれば、なるべくその人とはお酒を飲むような長話をされる状況をつくらない。そのときは、上手く逃げましょう。

◉ワンポイント

悪口はブーメランのように返ってくる

第4章

会話を
あっと面白くする術

21
「ここだけの話……」を逆手にとる

声を急に落としてしゃべるときによく使われるのが、「ここだけの話……」という切り出し方です。たしかに「ここだけの話……」と切り出されたら、ちょっと膝を乗り出すような気持ちになったりします。

しかし、「ここだけの話……」といっている人は案外、ここだけでなく、あちらこちらで「ここだけの話」という枕をつけて同じ内容のことをしゃべったりしていることが多い。実際に同じ人から「ここだけの話」を何度も聞くようなら、その確率は高いといっていいでしょう。

ですから、本当に「ここだけの話」でない限り、「ここだけの話」は使わないほうがいいとおもいます。あまり使っていると信用をなくすことになりかねません。

かくいう私は「ここだけの話」のフレーズを怪談ナイトでよく使います。もっとも何百人もの大勢のお客さんがいる前で使うわけですから、端から「ここだけの話」になっていない。ですのでお客さんにも冗談だとすぐわかります。「ここだけの話、絶対いっちゃダメですよ。ほんといっちゃダメですよ～」そういうとお客さんは喜びます。

面白くなって盛り上がるから何をいうんだろうと出てくる話に関心が向かう。それで熱心に聞いてくれるんですね。だから後になってもその話をずっと覚えていてくれたりするんです。

ちなみに怪談の世界では人に絶対しゃべってはいけないものすごく恐い話があるんです。

これを話してしまったら、しゃべった人もそれを聞いた人も命が危ないといわれている。そんな話があることはよく知られているんですが、そのような謂われがあるので誰も聞いたことがない。そういうと「どんな話なんだろう?」とすごく興味が湧きますよね。でも早い話、それって嘘なんです。

この話を聞いた人間は誰もいないとか、「ここだけの話」といういい方は、何かの商品を期間限定で発売することで人気を博すというやり方に少し似ているかもしれません。

私にとっては、「ここだけの話」はあくまでもちょっと場を盛り上げる格好のフレーズです。お客さんと距離を縮める駆け引きとしても使い勝手がすごくいいのです。

◉ワンポイント
「ここだけの話……」は場を盛り上げるためにわざと使う

22 「正直いって……」は使わないほうがいい

話を始めるときに頭に癖のように同じフレーズをよく付ける人がいます。「正直いって……」「冗談抜きで……」「実は……」等々。

しかし、「正直いって……」「冗談抜きで……」というフレーズは、いっている端からどうも嘘っぽさが漂っているところがあります。

「正直いって」とわざわざ断るなら、ふだん彼がしゃべっていることは嘘ばかりってこと？

「冗談抜きで」とわざわざ釘をさして話し出せば、あなたはいつも適当なことばかりしゃべっているの？

そんな風な印象ももたれかねません。

「本当の話なんだから真面目に聞いてくださいね」というと、人間の心理としてはあまり聞きたくなくなるんですよ。ところが、「私けっこう嘘つきだから絶対に本気で聞いちゃダメですよ」というとちゃんと聞いてくれる。

本気で話すから真剣に聞いてくれというとまともに聞かれなくて、この話は聞かなくてもいいからねと前フリするとけっこう聞いてくれる。言葉が持つ意味がこういうふうに逆に相手に作用する心理は覚えておいたほうがいいとおもいます。

「実は」というフレーズもあまりいわなくてもいい意味がないものだとおもいます。「実は」と前置きしながら聞かされることはたいしたことでないものも少なくない。「実は……」と重々しくいわれたからちょっと構えてしまったけど、何だ……と肩透かしをくらってしまう。そんな経験はみなさんあるんじゃないでしょうか。「実は」という人も「実は」というのが癖になっていて、ほとんど意味がない枕だったりするわけです。

「実は」といった後に実際にあった話をするわけですから、わざわざ「実は」とことわることはないのです。

「正直いって……」「冗談抜きで……」「実は……」。いずれもいう必要がない上にかえってマイナスにさえなるフレーズですが、一度使いだすと癖になるので要注意です。

◉ワンポイント

「実は……」はわざわざいわないほうがいい

23 テンポやリズムを崩す言葉に気を付ける

会話はいうまでもなくテンポやリズムが大事です。話しているときにしょっちゅう「え〜」とか「あ〜」とかいう人がいますが、こういうクセはよくないですね。「え〜」とか「あ〜」とかいって自分なりのリズムをそこで整えているのでしょうが、これがなければほんとはもっとリズムがよくなるはずです。こういう人はこれが自分の個性だからいいんだとおもっているかもしれませんが、それはかなりのおもい込みといってもよいでしょう。

自分では流暢にいいリズムで話しているとおもっていながら、客観的には耳障りな言葉のクセを持っている人もいます。

そのひとつが語尾に「～ね」をつけたがる人です。ラジオのパーソナリティをやったりしているあるミュージシャンの方はラジオを聞いていたらすべての言葉にくまなく「ね」をつけていました。語尾に「ね」をつける人はミュージシャン系になぜか多い。

「今日はね、これからね、みんなに聞いてもらおうとおもってね。実はね。こういうものを持ってきちゃってね……」

本人は得意げに話していますが、聞いているほうは苦しくなってくる。しゃべっている内容より「ね」の音ばかりが耳に入ってきてうるさい。誰か指摘してあげればいいのになとおもってしまいます。

アクセントとしてたまに「ね」がつく分にはまったく問題がないのですが、1分間に「ね」が10回も20回も出てくるといい加減にしてくれといいたくなります。

一度習慣のようになると自覚できませんから、こうしたリズムやテンポを悪くするクセはなかなか直りにくい。

周りの人が指摘してあげればいいのでしょうが、遠慮したり、その人の個性だからという理由をつけたりして何もいわないことのほうが多いのでしょう。

自分の話し方に何かリズムやテンポを悪くするクセがないか、いま一度チェックしてみるのもいいかもしれません。

◉ワンポイント
言葉のへんなクセを自覚する

24 緊張している相手をほぐす技

向かい合っている相手の緊張をほぐしたいときはどうすればいいか？　心を開かせて仕事における大事なことを語り合いたい。そんなとき私はバカなことをしゃべります。他愛もないバカなことをしゃべって、相手がそれに笑ってくれたらもうそれでOKです。

バカなことをいって笑わせることなんかできないという人は自分のことをなるべく素直に話せばいいとおもいます。

たとえば仕事で会っているのであれば、仕事に対する考えなどを「実は私こんなことをおもいながらやっているんですよ」といってしゃべる。これまでの経験を話してもいいし、最近あった失敗談なんかも悪くないでしょう。相手の立場に配慮しながら、差しさわりのない範囲で話すわけです。

こちらが構えていると相手も構えますから、自分から素直になってガードを下ろすことがまず大事なんですね。

ただ素直になるというのは本音をしゃべるのとは少し違います。本音は往々にして毒が含まれていますから、親しくもない間柄でそんな本音をはかれたら相手はもっと構えてしまいます。


緊張している相手をさらに構えさせかねないのはプライベートなことに絡む質問です。相手を尋問するかのように質問を連発する人がいます。しかし、相手からすればこの人は仕事に関係のないことなのになんでいろいろと聞いてくるんだろうと感じるでしょう。どうでもいい質問ならしないほうがいいかもしれません。

さして意味のない質問は自分のことを語らない代わりに使う埋め草のようなものですから、質問ばかりしていると相手にこちらの人間性を伝えることができず、いつまでたっても心を開いてくれません。

相手の緊張を緩めるためにもうひとつ肝心なことは、しゃべるときの表情です。いかめしい顔をしながら冗談をいわれても笑えないでしょうし、やはり表情はなるべく柔和な感じがいい。笑顔でやさしく語りかけてくる相手なら自然と緊張もほぐれてくるはずです。

相手の緊張をほぐすにはまず自分が緊張を解いてほぐれていないといけません。そこを出発点に自分を素直に出していく。これはたんに相手の緊張をほぐすだけではなく、好感を抱かれるための基本でもあるのです。

◉ワンポイント

素直に自分を出すことで相手はリラックスする

25 言葉のきれいなパスは技術ではない

タレントとしてテレビやラジオ番組によく出演していた頃は、収録が終わった後に出演者やディレクターなどとよくおしゃべりをしていました。

もちろんお互い次の予定があるのでそう長い時間ではありませんが、ひと仕事した後のおしゃべりは心をくつろがせてくれる貴重な時間でした。こと共演者と波長が合うときはおしゃべりも長くなって本番以上に盛り上がったりすることもしばしばでした。

そんな収録が終わった後の仕事仲間とのおしゃべりでとくに印象に残っているのが、大阪のある人気番組に出演していたときのことでした。

このときは収録の最中から、終わった後に出演者やスタッフたちみなとわいわいおしゃべりをするのをひどく心待ちにしているようなところがありました。

その番組の共演者には元プロ野球選手や関西のお笑い芸人がいて全員しゃべりが面白い。収録がはねた後はそこにプロデューサーやディレクター、若いスタッフが加わってわいわいがやがやするわけです。

特別に誰が威張っているというわけでもなく、フラットな雰囲気でみなニコニコ笑いながら言葉のパス回しをきれいにするんですね。他愛もない話題を誰かがしだすときれいにパスが回っていい具合にゴールがきまる。若い女性のディレクターが野球のことで頓珍漢な質問をプロ野球の評論家にしたりすると、それがまた大ウケし、そこから言葉のパスが回ってさらに盛り上がる。そんな賑やかな雰囲気で会話が途切れることなくずっと続くわけです。

「言葉のパス回しが上手くいかなくて……」という相談を知人から受けたことがあ

るのですが、楽しい場ができているときは言葉のパスは自然と絶妙のタイミングになるんだなとおもいます。

お笑い芸人がたくさん出てくるバラエティ番組などではみな計算をしながらトークをしているのがよくわかりますが、気が合った仕事仲間と一緒の場ではそんな計算がどこにもない。しゃべりのプロではない番組スタッフもポンポンといい感じでパスを受けて出すことをやるわけです。楽しいとそれが自然にできてしまうということです。

ですから、会話でテンポのいい言葉のパスができるようになるためのテクニックなんてほんとはないといってもいいのかもしれません。

「会話が弾む」といういい方がありますが、会話が楽しいときは自然と言葉がポンポン出てくるものです。話しに夢中になっているときはふだん話し下手な人でもいいテンポでしゃべっている。

ですから、相手の言葉を受けてテンポよくしゃべるリズムのいい会話をしようとおもうなら、その会話をできるだけ楽しくすることが大事ではないでしょうか。

苦手な相手であれば会話を楽しくなんてことはできませんが、好きな相手であれば楽しい会話にできます。苦手な相手でもできるだけ相手のいい部分を探してそこを好きになってあげることが大事です。

いかに会話そのものを楽しむか、そしていかに相手を好きになるか、そこにこそ言葉を上手にパスする秘訣はあるのではないでしょうか。

◉ワンポイント
相手を好きになり楽しい会話をすれば、おのずと会話はなめらかになる

26
計算して話すより「自分の声」で話す

話しがとても上手いんだけどどこか嘘くさいなという人っていますよね。この手の人は言葉一つひとつを計算しながらしゃべっている印象があります。

よく立て板に水のようないかにも営業っぽい雰囲気のしゃべり方をする営業マンは、イメージほど成績がよくなかったりするという話を聞くことがありますが、それはどこか信用できないものを相手に感じさせるからかもしれません。

ある大手の住宅メーカーでひどく口ベタでありながら長年にわたって全国一の営業成績を誇っていた人の話を聞いたことがあります。

おそらくこういう人はお客さんに対して言葉で飾るようなことをしない代わりに行動でもって実直な対応を常にしているんでしょうね。もちろん仕事ですから計算がなくはないでしょうが、どこか信頼できる人柄がぎこちないしゃべりから相手に伝わったりしているんだとおもいます。そのことがきっと優秀な営業成績につながっているのでしょう。

私にはお互いに何でも話せるという親しい人間が何人かいますが、この人たちには共通しているものがあります。それはみな正直だということです。嘘がない。一見ワンマンな社長だったり、すごく変人だったり、偏屈な人だったり、それぞれタイプは違いますが、みな素で生きている。

正直に生きているからワンマンに見えても人がついてくるし、表向き偏屈そうに見えても自分が夢中になっているものを素直に追い求める純粋さに惹かれて人が集まってくる。彼らは一癖も二癖もあってとっつきにくい印象もあるのですが、付き合っていてほんといい人間だなとつくづく感じさせられるんです。

今日びここまで素で生きている人は少ない気がします。彼らはいろいろな人を自然と引き寄せ、それがまた楽しく生きる強い力になっている。

この人たちを見ていておもうのは、「正直は強い」「素は強い」ということです。

いつだったか関西で怪談ナイトの公演をやったとき、公演が終わってから「稲川さんにお話があるんです」といって楽屋に京都のお寺のお坊さんが訪ねて来られたことがありました。

そのお坊さん、会うなり「実は私の女房が浮気をして離婚になりそうなんです」といわれたんですよ。

その瞬間、おもわずおかしくなって笑ってしまったのですが、同時におもったのが「この人、何て正直な人なんだろう」ということでした。

お坊さんといえば人に生き方を説法したりする立場にあるわけです。そんな人が奥さんに浮気をされ離婚の危機で悩み、そのことを人に相談しようとしている。この人がいうことならどんなことでも信じられる。ついそうおもってしまったほどでした。

相手を惹きつけよう、説得しよう。そうおもうといろいろ計算してしゃべることが多くなるものです。

しかし、計算をしすぎると反対に相手に自分本来の「声」が届かなくなってしまう危険があります。この人の言葉は巧みだけどほんとに信じていいのかな？　そう感じられてしまうんですね。

人間はまったくの素で生きることはできませんが、なるべく相手に素を出す。素を出すというのは自分の弱みも見せられることですから勇気もいります。

しかし、素を見せているというのは正直に生きていることですから、人からは信用されるわけです。仕事でもふだんの人間関係でももっとも大事なのは信用や信頼です。

しゃべることにあまり自信がなくても、会話のテクニックばかりを無理に磨く必要はないとおもいます。
話しのちょっとしたコツのようなものを心得ることはもちろん大切ですが、飾ることなく正直に「自分の声」でしゃべることはもしかしたらそれ以上に大事なことなのかもしれません。

◉ワンポイント
自分の「素」を正直に出せる人ほど強いものはない

27 街でいろいろな人と話すことは会話力を磨くチャンス

電車に乗ると周りの人がみなスマホの画面に見入ったりしている光景に出くわします。そういう光景を見るとネットの発達によって人と人との直接的なコミュニケーションはどんどん薄くなっていく一方なんだろうなと感じます。

私は生来話し好きなこともあって街に出ると、そこで偶然に出会う人たちと昔からの知人であるかのようについしゃべりこむことも少なくありません。

先日も病院に行く用があって出かけたのですが、行く先々でいろいろな人と話をしました。

行きのタクシーのなかでは、「うちは倅も稲川さんのファンなんです。稲川さんのCDやDVDは家にたくさんあるんですよ」というタクシーの運転手と。病院では受付の女性、看護師、担当医師。帰りは電車で帰って来たのですが、スイカカードの不具合で改札が通れなくていろいろやりとりをする羽目になったＪＲ中野駅の女性駅員。駅を出てからは駅前ロータリーから北に伸びている商店街のかばん屋の主人と漬物屋のおばさん……。

家に戻ってから今日はほんといろいろな人と話をしたなあとおもい返しましたが、買い物などちょっとした用で街に出てもその気になれば実にたくさんの人と話をすることができるものです。

街にはそれこそいろいろなタイプの人がいるので、ちょっとした会話でも何か発見があったりします。

この店はお客さんがあまり入っていないようだけど人気商品を地方に宅急便で毎日送っていて意外と儲かっているんだとか、この看護師さんのいい方、文法がちょっとへんだけどわざとこういういい方を最近の若い世代はしているらしいなとか、街に出てさまざまな人と触れ合わないと気付かないことが見えたりします。

街を歩いていて突然出会った見ず知らずの人に怪談をすることもたまにあります。この前なんか渋谷で買い物をしようと駐車場に車をとめて、そこから下にのびている坂を下ろうとしたら同じ駐車場に車をとめていた若い夫婦と横を並んで歩く形になったんです。

それで私が「こんにちは」と挨拶をして「怪談をしゃべる仕事してるんだけどちょっと聞いてみる?」といったら「ええ」っていうので歩きながら短い怪談を話したんですね。ちょうど坂の下の信号に来たところで話が終わって、「昼間から恐かったです」と感想を述べてくれたんですが、こういう怪談話の辻斬りみたいなことが面白くてときどきやってしまうんです。

自分でも酔狂というかヘンな人間だとおもいますが、これも私の職業意識にどこかつながっているんでしょうね。無料お試し体験じゃないですが、自分が怪談の語り部としてどれだけの力があるのか練習を兼ねて試している。そんなことをちょっとおもってしまいます。

今日初めて会った人と仕事でもないのに長々と話す場所といえばタクシーのなかですね。私はタクシーをよく利用するので後々まで強く印象に残るような個性的なタクシーの運転手にたまに遭うことがあります。

この前大阪に行ったときに乗ったタクシーでは、23歳という若い運転手が小一時間ほど関西弁でペラペラまくしたてるように話しかけてきて閉口しました。私は仕事で大阪はしょっちゅう行くのですが、大阪でもこれほどコテコテの関西弁はそうお目にかからないなとおもっていたら「わしって大阪の人間にみえます?」と聞いてきた。するともともと東京の人間だったのが最近結婚して大阪に来たというじゃないですか。バリバリの関西弁をわざとしゃべって楽しんでいるんですね。お父さんは横浜でタクシーの運転手をやっているんだけど、競争の激しい大阪で働いている自分のほうが稼ぎが多いだとか、切れ目なくうるさいほど話しかけてきてこのときはけっこう参りました。

タクシーの運転手はほんとクセのある人が多い。いつだったか新幹線で地方から帰って来て東京駅から国立の実家へタクシーを使ったとき、仕事で疲れたという話をしていたら車をとめて運転手が「マッサージしてあげますよ」というんですよ。そこで座席と座席の間に靴を脱いだ足を出して揉んでもらったこともありました。

行き先が遠くて時間がかかるので「お客さん、寝ててください」という運転手のいう通り寝込んでしまって目を覚ましたら、車が見ず知らずの場所にとまっていてなんと運転手がぐうぐういびきをかいて寝ていたなんてこともありました。

話が少々脱線しましたが、街に出てその気になれば実にいろいろな人と会話を楽しむことができるのです。

それは自分の会話力を磨くちょっとした練習にもなります。野球でいえばいろいろな変化球やクセ球が飛んでくるのを打ち返すようなものです。

会話が上手な人もいればぎこちない人もいる。テンポが早い人もいれば遅い人もいる。言葉使いが荒い人もいれば丁寧な人もいる。整然と話す人もいれば何を言っているか不明瞭な人もいる。自分から積極的に出会う人たちに話しかけると、彼らがノミや槌をもってこちらの会話力を彫ってくれるわけです。

都会の人は自分から話しかけようとせず、向こうからもなるべく話しかけられないようにというタイプが多いですが、こんな観点からみると自ら人間観察力や会話力を磨くチャンスを放棄しているようで実にもったいない話だとおもってしまいます。

◉ワンポイント
見ず知らずの人が放つ変化球を打ち返すことには発見がある

28
断りにくいことを頼まれたらどう断るか？

人から頼み事をされて断るとき、どういえばいいのか困ったという経験は誰にもあるとおもいます。同じような頼み事でも相手の立場によってはひどく断り辛いものもあります。自分よりも上の偉い立場にいたり、非常に世話になっている人なんかだと、どうやって上手く断ればいいのか考え込んでしまうでしょう。

こういうときは下手ないい訳はしないほうがいい。下手ないい訳はかえって相手の癇《かん》に障ったりする可能性があります。あくまでも素直にできない事情を話せばいいとおもいます。

やりたくない、あるいは物理的にやるのが難しいのに、断り切れず引きうけてしまったら、逆に相手に迷惑をかけるかもしれません。

周りからいろいろな頼み事をされてどれもこれも受けてしまい、にっちもさっちもいかなくなってみんなの前から失踪してしまったというお人よしすぎる人もなかにはいたりします。

ただ、人からいろいろ頼まれるということはとくに仕事の場合、それだけその人の能力が頼りにされているということですから、けっして悪いことではありません。来た球は何でも打つことを信条にしている人もいますが、そんな人でもどうしても引き受けられないときはあります。

物理的に難しい、あるいは能力的にできそうにない。そんなときは無理をせず、申し訳ないけどお受けできないんですと意思表示すればいいんです。でも上手くいわないと相手の機嫌を損ねますから、そこは上手な断り方を考えます。

私ならこういいます。

「すみません……助けてください」

頭を掻きながら、でも卑屈にならずに堂々というんです。

こういうとたいがいの相手はまあ仕方ないなと、気分が悪くなることもなくあっさり引き下がってくれます。

「助けてください」は、こんなシチュエーションのときの殺し文句だと覚えておいて損はないとおもいます。

◉ワンポイント
「助けてください」は断りの殺し文句

29 「私、頭悪いんで……」とけん制してくる相手にどう返すか？

しゃべっているときに「私、頭悪いんで……」と話を遮ってくる人がいますね。

この「頭が悪いんで……」というフレーズ、何がいいたいのか人によっても違うし、そのときどきの状況によっても変わってきます。意外と重要なメッセージを含んでいることもあるので受け取り方には少し注意が必要です。

込みいった話で理解がおよばない部分があるから、このあたりで少し整理したい。そんな気持ちからそういう人もいるでしょうし、もう少しわかりやすく話してほしいという不満の意を表すためにいう人もいるでしょう。

理解がいまひとつできていないから整理したい人が素直にそういっているのなら、

いわれたほうも『もう少しわかりやすく話さないといけないかな』と反省するかもしれません。

しかし、『あなたの話は整理できていなくて下手ですね』というメッセージを忍ばせているかのような印象であれば、いささかムッとしたりします。しゃべっているほうが自分の話に落ち度はないという自負があれば、おもわず「ほんとあなたは頭悪いですね」といい返したくなるかもしれませんね。

では周りから頭がいいという評価を得ている人が「頭悪いので……」といったらどうか？

いわれたほうは頭のいい人がこんなことをいうなんて嘘っぽいなと感じるかもしれません。自分のことを頭悪いと表現しながら、実はしゃべっている相手こそ頭が悪いねと暗にいっている可能性もあります。

場合によっては「そんな話はもういいからやめてください」といいたいのかもし

れません。

ですから、頭がいいはずの人が「頭悪いので……」というのはどこか不遜な印象があるものです。そんなときはこちらも「頭悪くてすみません」と返してあげてもいいでしょう。

このように「私、頭悪いんで……」というフレーズは同じでも、それが指している内容はケースバイケースです。

自分の話は客観的に見てどうなのか？　ちゃんと相手にわかりやすくしゃべっているのか？　そして相手がどういうおもいでそういっているのか？

会話のなかで「頭悪いんで……」が出てきたときは、どういうレベルで相手がそういっているのかを見極める必要があります。

より理解を求めようとしてそういっているのか、反対に会話の方向を変更したくてそういっているのか、微妙に判断が難しいときもあるはずです。あくまで相手の表情や雰囲気、話しの文脈、さまざまな材料からそれを判断するしかありません。

「頭悪いんで……」といういい方は、日本人が人と接するときによく使う謙遜の慣習のひとつともいえます。このフレーズを謙遜という発想をあまりしない西欧人に英語でもしいえば、「自ら頭が悪いというなんておかしいんじゃないの？」と訝しがられるか、あるいは本気で同情してくれるかもしれないですね。

「頭悪いんで」に限らず謙遜の言葉というのは実際とは違う気持ちを表していることが少なくありません。日本語のこうした複雑な綾は会話の理解を難しくしたりしますが、同時に人間関係に奥行きと豊かさをもたらすものなので上手に使っていきたいものです。

◉ワンポイント

「頭悪いんで」のメッセージを正しく把握する

第5章

「聞く力」の秘密

稲川淳二の
恐いほど
人の心をつかむ
話し方

30 相手を耳で見る

昔から中国では「霊は耳で見る」といわれています。

なぜ耳か？　耳というのは目では見えない、その奥にあるものを感じ取ることができるからです。

壁の向こうに人がいてもその姿をとらえることはできません。でも耳を澄ませば壁の向こうにいる人の気配は感じ取ることができます。

目というのはけっこう惑わされるものなんですね。

男はバカなもので可愛い女の子を見ると、性格も優しくて可愛い子なんだろうなとついおもったりする。でも実際は悪魔のような性格をしているかもしれない。目というのはけっこう当てにならないところがあるんです。

その点、耳はかなり本質をつくようなところがあります。聴覚のほうが視覚より本能に近いということもあるのかもしれません。

ある盲人の方が人としゃべるとき、相手の声質や話し方といったものから、その人の性格やさらにその奥にある魂のようなものがどのようなものかがはっきり見えるんです、と仰っていました。本当にそうなんだとおもいます。

テレビで見るタレントがラジオでしゃべっているのを聴くと、テレビを見ているときには気付かなかった微妙な性格の綾みたいなものを感じ取ることがありますよね。たしかに声だけに集中すると視覚にとらわれて感じられなかったものが見えてきたりします。

ですから、相手の人となりをより深く知ろうとおもうなら、ときに目をぼんやりとさせながら相手の声やしゃべり方といったものに耳を集中してみるといいとおもいます。

目は自分を裏切るかもしれないけど、耳はきっと裏切らない。霊だけでなく、人間も耳で見てみるといいのです。

◉ワンポイント
目を閉じて相手の話を聞いてみる

31 相手の話をまとめるのはよいことか？

話をしているときに、こちらの発言を「つまりこういうことですよね」とまとめてくる人がいます。こと取材などでは「いまのお話はこういうことですね？」とまとめられる経験が多いように感じます。

そんなときは、自分がしゃべっていることをちゃんと理解してくれている、同調してくれているんだなと感じてうれしくおもったりするときもあれば、相手が早合点してちょっと違うんだけどというときもあったりします。

発言をまとめられていい気持ちになったり、反対に違和感を覚えたり、そのときどきで違うのは、結局まとめる側がどういう考えや気持ちでそれをしているかに関わっているからです。

たとえば、話をまとめる人の動機として考えられるのはどんなことか。

ちょっといい淀んでいるようなので助け舟を出そうとおもうとき。相手の話があちこち飛んでしまっているので、ここでいったん交通整理しようとまとめるとき。話がいまひとつ理解できないので自分なりに整理しまとめて同意を得ようとするとき。相手がしゃべっていることに共感を示す意味でまとめるとき。会話のリズムをとるために相槌のような感覚でまとめるとき。相手の伝え方が下手だと感じ、要はこういうことをいいたいんでしょ? とまとめることで「これ以上この話題はしなくてもいいですよ」と暗にいいたいとき……。実にさまざまなことが考えられます。

なので、こちらの発言をまとめられたときは、どんな動機でまとめられたのかによって、こちらが受ける印象も当然変わってきます。

的確な言葉が出て来なくて困ったときに「こういうことですよね」といわれたらおもわず「そうなんです」といって安心します。また共感や同意を示してくれているのならうれしいですが、あなたがいっていることはいまひとつよくわからないからまとめてみましたという雰囲気ならあまり楽しくはない。

それに相手の動機を勘違いしてニュアンスとは反対に悪く受け取ることだってあります。

それは相手がいわんとする微妙なエッセンスがきれいにまとめられることで抜け落ちることがあるからです。

共感や同意を示そうとしてまとめてくれたのに「自分の話はあまりちゃんと伝わっていないのかな」とおもわれたりするわけです。

そんなことを考えると、相手の発言を会話のなかで何度もまとめるようなことは安易にしないほうが無難ともいえます。どうしても話していることが理解できなくて確認したいときは、質問の形にして聞き直してもいいでしょう。

相手の発言をまとめるときは、あまり神経質になることはありませんが多少の慎重さが必要かもしれません。

◉ワンポイント

どういうレベルで話をまとめるかによって相手の反応は違ってくる

32 独り言も会話の練習になる

怪談ナイトのツアーは7月から10月までの4ヶ月間、南から北まで全国各地をまわって行います。その間、絶えずスタッフやファンの方なんかと一緒で一人になれるのはホテルの部屋くらいです。

部屋で一人いるときは何をしているかというと、ずっとテレビをつけて見たりしていることが多いんです。もはやBGMの感覚ですが、同時にテレビと会話もしているんです。傍から見たらきっと危ない雰囲気になっているかもしれません。

新聞のテレビ欄には「カリスマ美人主婦の仰天ビジネス!」とか書いているのに、画面に現れるその主婦が別に美人というにはちょっと苦しかったら、「おい、一体どこが美人なんだ? でも眼がもう数ミリ寄っていたらすこしはいい感じになるかもよ」とか適当なことをいって突っ込みを入れたりしています。

私生活がけっこう乱れているのに、ある事件の報道に関してやけに品行方正な発言をしているタレントを見て、「おい、あんたの立場でそれいうの？　自分の首しめることになるよ」とかなんとか、そのタレントに向かってしゃべったりしている。

こうした独り言にルールがあるとすれば、基本は楽しそうなしゃべりをすることです。たとえ毒を吐いても気持ちまでブラックにはさせない。

話というのは何でもないことでも、その人が楽しそうにしゃべっていると聞いているほうも楽しく感じられるものです。ですからいつも楽しそうにしゃべる雰囲気をつけると武器になります。

一人で部屋にいるときに楽しげに独り言をしゃべることは、結果的にトークの練習になっているんですね。別に私は意識してやっているわけではありませんが、自然とちょっとした練習になっている。

テレビも何もないところでただ独り言をしゃべり続けるのはむずかしいですが、

テレビ番組を見ながらだといくらでも好き勝手にいろいろなことをしゃべれます。いってみれば「独り言練習法」です。

会話力を磨きたいとおもったら、こんなやり方もあることを知っておくといいのではないでしょうか。

◉ワンポイント

テレビは独り言トレーニングの格好の練習台

33 聞き上手な芸能人、小堺一機さんと鶴瓶さん

話し上手な人は聞き上手なものです。芸能界で私が聞き上手だなとおもう人は何人もいますが、なかでも聞き上手な人は？といわれてすぐおもい浮かぶのが小堺一機さんと鶴瓶さんです。

「聞く」という行為は受け身の印象がありますが、聞き上手な人の「聞き方」はむしろ会話を前へ前へと進める積極的なものを孕んでいます。聞きながらも攻めるんですね。

小堺さんも鶴瓶さんも相手の話を聞きながら、先の先を読んで会話の絶妙な流れをつくります。

私が小堺さんに富士の樹海であったとある怪談をしたことがあるんです。富士の樹海で自殺する人ってだいたい場所がきまっています。あそこに自殺目的で行く人は死んだ後身元がわからないように身分証明書を持たない。車で来るとナンバーでわかってしまうからバスで来たりします。誰に知られることなくひっそり死にたいんですね。

まだスマホとかがない20年くらい前の話になりますが、ジーンズをはいて上はブレザージャケットという格好の30代くらいの男性の自殺体が発見されたそうです。ところが他の自殺者と違ってなぜか手にはインスタントカメラが握られていた。男性の身元は確認できるものがなく、何か手掛かりになるかもしれないということで、そのカメラのフィルムが現像されたのですが、木々の合間から見える空だけが写っている。おそらく大量の薬を飲んで仰向けになった状態で空を見上げてシャッターを押したんでしょう。男性が死ぬ前に見た最後の景色というわけです。

ところが風景写真はただの風景ではなかった。よくよく見るとぼんやりとしたどこの誰かもわからない3人の顔がカメラを覗き込むようにして写っていたんです。その3人はそこでかつて自殺した人なのでしょう。

小堺さんの周囲でこの話を聞いていた数人の女性スタッフはおもわず「恐い〜」といって震えてました。ところが、小堺さんはすかさず「次に同じ場所で5人目の人がやって来て自殺をして、もしカメラで空を撮れば今度は顔が4つ写るわけでしょ」というんです。

それを聞いてそこまで読むんだ、すごいなと私は感心しました。すべてそうなんです。小堺さんは相手の話を聞きながら、しゃべっている本人が気付いていないことや意識していないことまで深く読み、会話が流れていく先を瞬時にぱっとつかむんです。

鶴瓶さんも同じように会話の先をものすごく読める人です。

ふんふん聞きながらこの流れはこっちにもっていくと面白いからこうしゃべろう

という言葉を瞬間的に挟める。何気なく聞いているようで核心をずばりととらえ、先の先まで話が進む方向を見通せる。

以前こんなことがありました。

鶴瓶さんの番組でご一緒したとき、タクシーで運転手が鶴瓶さん、私はその斜め後ろに座っているお客さんというシチュエーションで怪談をしたんです。ところがもっとも盛り上がる場面で鶴瓶さんが「えっ⁉」とおもわず恐くなって振り返った。その瞬間、前の座席に身を乗り出し熱くしゃべっていた私の口と鶴瓶さんの口が合わさってキスする格好になったんですね。

この話を後でスタッフたちにしたら爆笑されましたが、鶴瓶さんは人の話をちゃんと聞くときはそれこそ全身の細胞を開くように聞いているんだとおもいます。だから体が話に素直に反応する。頭の先っぽで適当に聞いているような人は体まで言葉が降りていきません。

最近の若手の芸人さんのなかには自分がしゃべることばかりに熱心で人が話して

いるのを遮ったり、ちゃんとまともに聞いていないような人がいます。しかし聞き上手になれないうちは話芸が伸びることはけっしてありません。

小堺一機さんも鶴瓶さんもあそこまでいったのは、しゃべりもさることながら「聞く力」を磨いて誰よりも聞き上手になったからに他ならないとおもいます。

◉ワンポイント
「聞く」を意識すると話芸は伸びる

34 会話に必要な「いい間合い」の取り方

武道なんかでよく間合いを取るというういい方をしますが、会話にも「いい間合い」が必要です。

会話の場合は間合いというより間といってもいいかもしれません。

かなり前にある大物俳優の方から「間って難しいよ。間の取り方一つで台詞がよくも悪くもなる。間をつくるのを間違えると〝悪魔の間〟になるからね」と聞かされたことがあります。同じ台詞をしゃべるのでも、その場の雰囲気、相手との関係性、振る舞い、前後の台詞などによって間は変わってきます。

非常に微妙なものであるゆえに間の取り方をほんの少しでも間違えると悪魔の間になってしまう。悪魔の間が持つ恐さをその俳優さんは身をもって体験してきたのでしょう。

間というのは単に言葉と言葉の間にあるものではありません。相手との距離感、自分への距離感、場に対する距離感、これらのさまざまな距離感もすべて間といっていい。怪談ナイトの公演ではひとつの話が終わって次の話を始める空白が大事な間なんです。

彼方に真っ白な入道雲がむくむくと立ち昇っているトマト畑をピンクのリボンをした真っ白なワンピース姿の女の子が歩いている。たとえば話のラストシーンがそのような場面で終われば、お客さんはしばらく頭のなかでその映像をじっと見つめています。その瞬間が間なわけです。照明も音もその間に合わせて変化していき、このあたりかなというタイミングでふっとまた次の話を私が始めるわけです。

この間を間違えると空間が持っている磁力のようなものが乱れ、お客さんはすっと次の話に自然に入っていけない。ですからとても重要なわけです。

間というのは頭で計算して取るものではありません。きわめて感覚的なものです。動物なんかは本能的な感覚で生きているので、他の生物や周りの環境に対して絶妙な距離感を持っているとおもいます。つまり天性の間の感覚を持っている。

動物は種類によって違いますが、半径何十センチといった単位でそれぞれの磁場を持っているそうです。その磁場に入ると危険を察知して逃げたり、攻撃をしたりするわけです。人間にもそうした磁場がありますが、人の場合は頭でっかちに余計なことをいろいろ考えるので磁場がしょっちゅう狂うんですね。

以前私の付き人だった男性はそんな磁場を壊すことにかけては喜劇になるほどでした。仕事で使う車を何台も壊したり、朝からある仕事に姿を見せないとおもったらホテルの部屋で酔いつぶれていたり、新幹線で下車すべき駅を間違えてしまったり、周りの人間は磁場を狂わされっぱなしでした。

ですが不思議なことに動物にはすごくなつかれるんです。他の人には警戒して寄って来ないような犬や猫が彼にはすっと寄って来て甘えたりするわけです。彼には動物の磁場が感覚的にわかって大切にできるんでしょうね。

間というものはこのようにさまざまな要素が絡んで成り立っているものなので、具体的にはなかなか説明しにくい面があります。

会話においては、話しのリズムを整えたり、場の空気、相手の状況や相手との距離などを瞬間的に読んだりすることで加減のよい間が生まれます。間を活かすもの、殺すもの、そうしたものを感覚でつかみ、磨いていくことによって会話の「いい間合い」をつくれるようになっていくのではないでしょうか。

◉ワンポイント

「間」にはいろいろな要素が絡んでいることを知る

35 話していて沈黙が訪れたらどうするか？

会話をしていて突然沈黙が訪れる。そんなときはちょっと落ち着かない気分になるものです。

私はタクシーに乗っているとそういうことがよくあります。いろいろと話しかけてくる運転手さんだとこちらもべらべらしゃべるわけですが、そのうち疲れてきて会話がぱたんと止まったりするんですね。こんなときは何か新しい話題を話そうかな、それとも相手も疲れていそうだからしばらく黙っていようかなとかいろいろ考えてしまいます。そう考えることでまた疲れる。タクシーで長い距離を移動するときにはこういうことがよくあります。

ちょっと間の悪い沈黙というのはパーティなんかでもよくあります。会場で初めて会うような人ばかりに囲まれて円卓に座っているときなどは沈黙がどうしても多くなります。

仲間内同士で座っているのなら自然と会話も弾みますが、互いに知らない人同士だったら何を話題にすればいいのかけっこう難しい。

いつだったかそのような場で誰もしゃべらないのでテーブルがシーンとしていたときがありました。仕方ないので私が一人しゃべって盛り上げていたのですが、私が別のテーブルの知り合いに呼ばれてしばらく席を外して戻ってくるとまたシーンとしたなかでみな黙々とフォークとナイフを動かしている。どこか私が帰ってくるのをみなひそかに待っていた雰囲気なんです。やはり互いに黙ったまま食事をしているのもどこか気まずくて落ち着かないんでしょうね。

私は生来サービス精神があるせいか、誰かと一緒にいて沈黙が訪れると自分が何かを話さないといけないとおもっていろいろしゃべるのですが、そんな私でもたまに疲れていて何もしゃべりたくないときもあります。

やはり何かのパーティで「今日は体調が悪いしあまりしゃべらないでおこう」とおもって金の飾りがついた黒塗りの派手な杖をテーブルに立てかけ、いかにもおれは疲れているんだぞという雰囲気を漂わせて座っていたんです。

ところが横のテーブルに知り合いがいて「杖なんかもって膝でも悪いの？　膝だったら○○病院の○○先生に診てもらうといいよ。丁度いま来ているから」と話しかけてきて、その先生を引っ張って来たんです。それで仕方なく挨拶をして話を始めたのですが、話しているうちにまたいつもの調子でべらべらとやったんですね。雰囲気が楽しそうにみえたのかそこにまた別の知り合いが何人か寄ってきて、結局パーティの間中ほとんどしゃべる羽目になってしまいました。

稲川淳二というといつもしゃべっているイメージを持たれているようですが、実際にはしゃべらなくてもいい状況も楽で好きなんです。

美術作家の岡本太郎さんとは何回かテレビの仕事で共演させていただいたのですが、ほんと沈黙の多い人でした。まったくといってもいいほど何もしゃべらない。正義感の強い方だったので、本番前にスタッフがちょっと人をバカにしたような発言をするとそれを咎《とが》めて「君、そんなことといっちゃダメだよ」と怒ったりするのですが、それ以外はほぼ何もしゃべらない。だから一緒にいても話さなくていいんだとおもってすごく楽でした。

一度テレビの中継番組で戸倉上山田温泉に列車で一緒に行ったことがあります。グリーン車で通路を挟んで並びで先生と座ったのですが、向こうに着くまでほとんど一言も発さずうつむいて台本をずっと見ているんです。台本といっても先生のゆかりの場所を紹介しながら感想をうかがうという内容なので、何も複雑なことが書かれているわけではないんですが、車中じっと台本を見ていました。

戸倉上山田温泉に着いてからたたみの大広間で打ち合わせをしましょうということになりました。余談ですが、先生はたたみの部屋でも椅子に座ります。そこで先生はアイスティーを私はアイスコーヒーをそれぞれ注文したんです。お茶が運ばれてきたら先生、私のアイスコーヒーをじっと見ているんですね。欲しいのかなとおもって「先生お好きなほうを飲んでください」といったら「ありがとう」といってアイスティーもアイスコーヒーも両方飲んでしまったんです。このときは子どものような先生の無邪気さにおもわず笑ってしまったものです。

その後、先生が40歳をすぎてから始めたスキーをするため定宿にしていた旅館に行ったんです。そこに先生がつくられた小さな太陽の塔が置いてあった。何度も泊まられるので親しくなった宿の人が先生に頼んだものです。

台本ではその太陽の塔にまつわる逸話を先生に語ってもらうことになっていました。そこでカメラを向けて「どうしてつくられたんですか？」と先生に聞いたところ、返って来たのはたったのひと言「頼まれたから」でした。

どうして頼まれることになったのか、その経緯や旅館へのおもいを語ってほしかったのにたったそのひと言。これには私を始め周りのスタッフもずっこけてしまいましたが、このシーンで15分の枠をとっていたので私が先生に代わって急きょしゃべることになりました。先生が戸倉上山田温泉に来るようになった理由や、この旅館のどこが気にいったのかとか、事前に聞いていた話を一生懸命話して何とかその場をしのぐことができたんです。

先生のお宅には取材でうかがったこともあります。そもそものきっかけは怪談の舞台になりそうな恐い雰囲気の家を訪ねるというテレビの企画だったんです。ディレクターから夜、青山のあたりでそんな家がないか探していたら庭に変な彫刻がたくさん置いてある家があるからと電話がかかってきたんです。あらためて翌日の日中ディレクターが行ってみたら岡本太郎さんの家であることがわかった。

そんなことから先生にインタビューに行ったのですが、例のごとく先生はあまりお話にならないので私の得意技「よいしょのグレコローマン」を連発したんですよ。そうしたら、先生がすごくのってしまってピアノを弾き出し、さらに歌まで歌って踊ってくれたんです。司会をしていた大橋巨泉さんが「あの巨匠を歌わせて踊らせたのはお前が初めてだぞ」とひどく褒めてくれたのをよく覚えています。

岡本太郎さんの話をなぜしたのかというと、先生の沈黙には何ともいい難い魅力があったからです。沈黙なのにものすごく饒舌。言葉にならない何かが猛烈に伝わってくる。こういう沈黙は下手にしゃべるより余程いいんですね。

沈黙のなかで先生は自分に対してお前は何者だ？　と哲学的に問うている感じがある。そして先生の沈黙に接するほうもお前は何者だ？　と反対に問われている気がするんです。

岡本太郎さんの沈黙に限らず、会話における沈黙というのはある意味何らかの問いになっている気がします。黙っているほうはそんな意図がないにしても、どこか無言の問いを投げられているような気分になる。

話しの流れのなかで相手が答えるだろうことを気を利かしてこちらが先回りしてしゃべることがあります。しかし相手がいいたいことはそれだけではないかもしれません。そんなときはしゃべるのをおもいとどまり、無言の間を一拍置けばいいんです。

こういうときの無言は、巧みな質問よりも強いものを持ちえるとおもいます。一瞬の沈黙は相手に答えを促します。

沈黙は言葉ではない言葉なんです。そこに耳を澄ます。ですから相手が無言、こちらも無言という沈黙の瞬間が訪れても、それを恐がることはないんですよ。むしろ沈黙を楽しむくらいの気持ちを持つといいかもしれませんね。

◉ワンポイント

無言は相手への問いかけになる

36
余韻を残す話し方で心を動かす

話において余韻というものはとても大事なものです。それは映画や小説において余韻が大切なのと同じです。

余韻があれば同じ内容の話でも心への響き方、残り方が違ってきます。

怪談の話をするときは聞き手にいかに余韻を残すかということが大きなポイントになります。

エンディングが心地よいものであれば、徐々に話す速度を落とし、大きな声にも小さな声にもならず、ゆったりと終わる。恐怖が後を引くような終わり方にしようとおもえば、最後に話をボンと切って目は虚空をじっと見つめ、ポーズをストップモーションのようにきめる。

それによって心地よい余韻や底知れぬ恐怖感がじわじわくる余韻など、さまざまな余韻をお客さんには一層強く味わっていただけるわけです。

余韻は話の最後にあるとは限りません。会話においてはそのなかに余韻を含ませながら展開する話し方があります。

余韻のある話し方といえば、若い世代の方はあまりご存知ないかもしれませんが、日本を代表する映画監督の一人、小津安二郎の作品に常連として出ていた俳優の笠智衆さんをおもい出します。

若い頃から熟成した雰囲気を持ったこの俳優は、出身地の熊本訛りが抜けない朴訥としたしゃべりで誠実で実直な人柄を偲《しの》ばせました。そのしゃべりは何ともいえない味わいがあったのですが、それはひと言ひと言に軽い余韻が感じられるからなんです。こういう話し方は性格から来るところが大きいですから、真似しようとおもっても真似できるものではありません。

ただ、どんな人でも会話のなかで余韻を相手に感じさせる瞬間をつくることはできます。

たとえば相手に強調したいひと言があれば、それを静かにはっきりといい終わった後に言葉をそれ以上足さず、その代わりに軽く気持ちを込めた表情をつくればいいんです。同じ言葉でもそのような余韻をつくらないでしゃべったときのひと言とは相手への響き方がかなり違うはずです。

あるいは相手に何かについて考えることを促したいときなんかも余韻は効果的です。

「あなたはどう考えるんですか？」とか「すこしは反省したらどうでしょう？」といったことを相手にいいたいときに、直接的な言葉でなくニュアンスを伝えるような余韻を残す。「あなたはどう考えるの？」「すこしは反省したら？」とストレートにいったら反発されるかもしれませんが、余韻を残すいい方でしゃべると相手は自発的に自分のことを深く振り返るかもしれません。

余韻がもたらすしばしの間は話しの文脈からしかるべきことを相手に考えさせるよう仕向けてくれます。言葉が発酵する時間を相手に与えるわけです。これは前の項で取りあげた無言の沈黙効果にも通じることです。

余韻を残すいい方を会話のなかにちょっと挟む。上手な余韻は相手の心を自然な形で動かします。

大人の会話にはそんな一工夫がほしいものです。

◉ワンポイント
言葉を抑えて妙なる沈黙をつくる

37 いい質問は会話の骨格をつくる

長年怪談の公演をやっているせいか、夏場になると怪談をテーマにした話が聞きたいと毎年新聞や雑誌などの取材がよく来ます。

取材者のインタビューを受けていると質問の仕方というのは人によってけっこう違うものだなと感じます。同じテーマに関することでも上手い質問をするなと感心することもあれば、ひどく頓珍漢な質問だなとおもうこともある。取材者によってほんとさまざまです。

なかには怪談の世界なんて丸きり興味がないという感じの人もいます。そういう人に対してはやはりこちらもノリがいまひとつよくなくなったりします。

会社の命令で仕方なく来ているにしても、ちゃんと事前に下調べしたり、自分が関心が持てる切り口を探す努力をしたり、あるいは相手に気持ち良くしゃべってもらう工夫をしたりするといったことは最低限必要だとおもいます。でも意外とそれができていない人が多いんですね。

稲川淳二という人間に対する固定したイメージを抱いていて、稲川さんの怪談ってこうなんですよねと端から決めつけたような質問をしてきたり、ライバルなんかいないのはわかるだろうに「ライバルはいるんですか？」とズレたことを聞いてきたり、こちらが戸惑うことも少なくないんです。

質問にはその人が表れます。

「よく勉強しているな」とか「見方がユニークだな」と感心することもあれば、「ちょっと準備がなさすぎるな」とか「先入観が強いな」と残念におもうこともあります。質問のレベルによってその人の力量や人間性ってわかるんですね。だからといって背伸びをした質問をしてもどこかでボロは出ます。あくまで身の丈に合った質問で基本はいいとおもいますが、その上でどういう構えで質問をすればいい答えが返ってくるのかということには神経を大いに使うべきです。

相手からいい話を聞き出したい。本音を聞き出したい。それには相手に気持ちよく話してもらうことを第一に心がけることです。

野球にたとえるならさしずめ質問する側はピッチャーで答える側がバッターです。すなわちピッチャーはバッターが答えやすい質問のボールを投げることが大事です。それには質問者がバッターがどんなコースやボールが好きか、その場で好みを見分け、そこにボールをしっかり投げることです。

返ってくる答えに対しても余計なことには口を挟まず、何でも好きなことを話していいんですよというゆったりとした構えでボールを投げる。そんな構えがいい質問を生むし、またいい答えも返ってくるのではないでしょうか。

いい質問というのは自分では気付かなかったことを気付かせてくれたりもします。

頭のなかでとっちらかっていたことがツボをつく質問によって整理されることもあります。いい質問というのはまさにこちらを成長させてくれるきっかけを与えてくれたりします。

またいい質問は会話にいい流れをもたらすきっかけになります。質問は会話の節をつくったり、ときには会話全体の骨格をつくるものです。そのくらい質問は重要なものだとおもいますね。

自分が発する質問を振り返ることなどあまりないものですが、ほんとはそれがどんなレベルのものかをもっと意識して「質問力」を磨いていくべきなんでしょうね。

◉ワンポイント

相手が打ちやすいところを見つけて質問のボールを投げる

38 「聞く力」から本当の話す力が生まれる

「稲川さんのしゃべりは武器ですよね」といってくる人がたまにいますが、実は「聞く」ということも私にとってはもしかしたらそれ以上の武器なんです。

「話す力」というのは「聞く力」から生まれてくるもの。そう私はおもっているんです。だからすごく人の話は聞くんですね。5歳の子どもの話でも90歳のお年寄りの話でも真剣に聞きます。

私の怪談話の土台をつくっているものは、私自身の「聞く力」に他ならないのです。ですから「聞く」ことには常に体中の神経を研ぎ澄まして集中するようにしています。

相手の話を「聞く」ときに前提として欠かせないことがあります。

何だとおもわれますか？

それは相手に興味を持つことです。どういう人なんだろうとおもって聞くことが本気で聞くことにつながるんですね。反対に興味がわかなかったら相手の話は聞けない。

けれども仕事やふだんの付き合いのなかでは、それほど興味がわかないのに話さなくてはいけないという状況はいくらでもあります。

そんなときはどうすればいいか？

相手をその場だけでも好きになることです。好きになるといっても媚びるのとはまったく違います。苦手だなと感じる人でもどこかいい部分は必ずあります。威張っているけどこういうところは繊細で優しそうだなとか、ひどく無愛想だけど根っこは信頼できそうだなとか、何かいい部分を探し出してそこを好きになるんです。

いってみれば相手の話を本気で聞くためにいっとき自分を騙すわけです。相手を騙すわけではないのですから、自分を騙すといっても別に罪なことではありません。興味を持ってくれている、好感を抱いてくれている、そう感じたら話すほうも胸襟を開いて気持ちよくしゃべれるはずです。

関心もないのに義務のように話を聞いているなと感じたら、話すほうはまともにしゃべる気が失せてしまいますよね。

昔テレビの仕事で忙しかった頃に息抜きに通っていたバーがありました。そこにたまに来るひどくクセのある男がいたんです。

芸人でもないのに気取って噺家《はなしか》みたいな調子でべらべらしゃべるんですが、その話しっぷりが妙にあざとくて、みんなから馬鹿にされていた。やけに小柄で自意識過剰。だからその男がしゃべりだすとみんな不愉快な表情をするんです。

でも私は虚勢を張って一生懸命自分をアピールしている男にちょっと興味を持ったんですね。なんでこの人は滑稽なほど自分を大きく見せようとするんだろう？

みんなと同じように敬遠したってその場がつまらなくなるだけですから、どうせなら興味を持ってその男と接しようと考えたんです。

そうすると酒が入っているせいもあるのか、楽しくなってくるんです。その男が得意気にしゃべるのがおかしくなってゲラゲラ笑いっぱなしになってしまった。私が楽しそうにしているものだから周りの客も加わりだし、大いに盛り上がって最後は仲良くなりました。

ちょっとアングルを変えるだけでむしろ接したくないという人間でも好きになれるんですね。そういう柔軟性は誰しも持っているはずなんです。

だから相手の話を聞くというときに興味が持てなくても、いい点を探し出してその瞬間だけでも好意を抱くことは可能なのです。

相手の話を真剣に「聞く」ことは、ときに相手の気持ちをほぐし、安らぎをもたらす効果もあったりします。「聞く」ことによって初めて相手の存在を受け入れ、そこから新しい人間関係が始まるわけです。

会話も相手の話を誠実に聞くことでいい会話が生まれます。

「話す力」を磨こうとおもえば、何よりも「聞く力」がまず必要です。ですから「聞く力」を磨いてこそ、また「話す力」も磨かれるのではないでしょうか。

◉ワンポイント

相手に興味を持つために自分をだます

あとがき

「話し方」にはこれが正解というものはありません。「話し方」をテーマとする本というと、話すことについての正しい技術を記したものだとおもわれがちですが、そのようなゴールは実は「話し方」にはありません。

おもいや考えがしゃべる人の人間的な風味を携えながらきちんと正確に伝わればそれでいい。私は「話し方」について基本的にはそうおもっています。「話し方」というものはそもそも枠のないとても自由なものです。

それこそ教科書的に話し方を磨けば、「伝える」という部分ではある程度精度を増すでしょうが、その人にしか出しえない肝心な味わいが抜けてしまう危険があります。下手すれば「仏つくって魂入れず」といった趣の話し方になりかねない。魂が入っていなければ当然相手の心には何も響きません。

このことわざを引き合いにすれば、私は最初に魂を入れてそれから仏をつくっていくような話し方をするべきだとおもっています。しゃべる人の個性を活かしたその人らしい「いい話し方」をするにはそこが出発点になるはずです。

ではこの出発点からどの方角へ、どんなふうに風を操りながら進んでいけばいいのか？

本書ではその参考としてひとつの羅針盤を示したつもりです。ただしこの羅針盤は使う人が自由にチューニングできるようになっています。それを手がかりにあなたらしい魅力ある話し方を見つけていただければとおもいます。

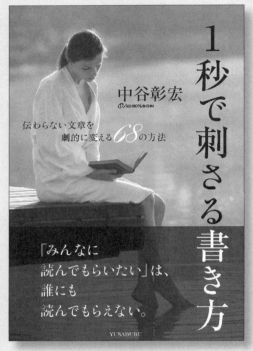

稲川淳二 Junji Inagawa
タレント、怪談家、工業デザイナー
1947年東京都渋谷区生まれ。ラジオの深夜放送で人気を博し、テレビ番組のリポーターやリアクション芸人として活躍。また、ラジオ放送での怪談が好評を博し、以後怪談家としても活動している。自身の怪談ツアー「怪談ナイト」は27年連続公演を続けている。その話術には定評があり、プロのアナウンサーも話術を学びに「怪談ナイト」に訪れるほど。トレードマークは口ひげとマオカラースーツ。怪談トークの際の愛称は「座長」。

稲川淳二の
恐いほど人の心をつかむ話し方
心に残る、響く、愛されるための38の方法

2019年7月5日初版第一刷発行

著者　稲川淳二
発行人　松本卓也
発行所　株式会社ユサブル
〒103-0014　東京都中央区日本橋蛎殻町2-13-5　美濃友ビル3F
電話：03（3527）3669
ユサブルホームページ：http://yusabul.com/
取材協力　髙木真明
印刷所　株式会社光邦

ISBN978-4-909249-22-7 C0030